KB265971

돈을 많이 버는 방법은 넘쳐난다.

그러나 돈이 어떤 사람에게는 오래 머물고, 어떤 사람에게서는 빠져나가는지에 대한 이야기는 드물다.

우리는 흔히 돈을 결과로만 본다. 그러나 시선을 조금만 옮기면 돈의 움직임에는 분명한 방향성이 있음을 발견하게 된다.

거친 사람보다 차분한 사람에게, 약속에 느슨한 사람보다 신뢰를 쌓는 사람에게, 단기적 욕심보다 삶의 리듬을 지키는 사람에게 돈은 유독 오래 머문다.

즉, 돈의 흐름에는 우연이 없다.

그래서 이 책은 "어떻게 벌 것인가?" 보다 "돈은 어떤 사람 곁에 머무는가?"라는 질문에서 출발한다.

제1부에서는 돈의 시선으로 사람의 일상과 선택을 살펴본다.

그 시선은 날카롭지만, 기준이 분명하다. 돈이 좋아하는 사람과 멀어지는 사람의 차이는 거창한 능력이 아니라 매일 반복되는 태도와 습관에 있기 때문이다.

이제 돈의 눈으로 세상을 바라볼 차례다.

그리고 스스로에게 묻게 된다.

"나는 지금, 돈이 머물만한 사람인가?"

내가 돈이라면

돈이 나를 떠났던 시간, 내가 보지 못한 것들

옛말에 사람이 돈을 따르기보다, 돈이 사람을 따라야 한다고 했다. 하지만 나는 어리석게도 그 말을 이해하는 데 30년이 넘게 걸렸다.

젊을 때는 의욕만 앞서 모든 것이 금방 이루어질 것 같은 착각 속에 살았다. 그러다 점점 나이가 들면서 초조해졌고 결국 사업 실패라는 시련을 겪게 되었다.

그 무렵에는 외출할 경비가 없어서 돼지저금통의 동전을 털어 겨우 차비를 마련해서 나가면 점심도 거르며 돌아다니기 일쑤였고, 하루에도 수십 번 빚 독촉을 받으며 살았다.

전세에서 월세로, 다시 지하실로 들어가니 햇빛 하나 없는 곳에서 습한 냄새와 곰팡이에 찌들어 살아가던 시기였다.

영화 『기생충』에서 보았던 주인공 가족의 집을 연상하면 된다.

영화 『기생충』은
봉준호 감독의
2017년 작품으로
천만 관객을
돌파했다.

그때 문득 세상 사람들을 보면서 이런 생각이 들었다.

"만약 내가 돈이라면 어떤 사람과 함께하고 싶을까?"

그렇게 돈(Money)의 시각으로 세상을 바라보니, 가고 싶은 곳과 가고 싶지 않은 곳의 차이가 분명하게 보였다.

사람들의 얼굴과 표정, 행동과 말투를 보면 돈이 머무는 자리와 멀어지는 자리가 확연히 구별되었다.

그런 관점으로 나 자신을 돌아보니, 내게는 돈이 좋아할 만한 모습보다, 싫어할 만한 태도가 훨씬 많았다는 것을 깨닫게 된다.

무례하고, 건방지고, 교만하고, 무지하고 등등.

사업의 실패에는 그럴만한 이유가 차고 넘쳤던 것이다.

그때부터 나의 돈에 대한 가치관은 돈을 따르기보다, 돈이 스스로 찾아오게끔 바뀌기 시작했다.

그 변화의 출발점이 된 경험을 이 책에서 함께 나누고자 한다.

제2장

돈의 독백

나(Money)는 돈입니다

저는 세상 사람들이 그토록 갖고 싶어 하는 돈입니다.

저는 여러분 누구에게도 낯을 가리지 않고 갑니다. 그래서 누구나 얼마든지 저를 소유할 수 있습니다. 사람이 저의 주인이기 때문입니다.

흔히 사람을 돈의 노예라고 말하지만, 저는 맹세컨대 누구를 노예로 부린 적이 없습니다. 저로 인해 불편을 겪는 일은 있을 수 있어도, 저는 한 번도 누군가를 구속하려 한 적이 없습니다. 하지만 사람들은 스스로 저의 노예가 되기를 원하는데, 그런 사람은 제가 좋아하는 타입이 아닙니다. 사람이 돈의 노예가 되면 태도는 비굴해지고, 처신은 약삭빠르게 변하기 때문입니다.

그래서 저는 그런 기회주의자 같은 사람에게서 더 멀어지려고 합니다.

나는(Money) 사람의 태도를 보고 갈 곳을 정한다.

내가(Money) 좋아하는 사람

저는 낯을 가리지는 않지만, 이런 사람을 좋아하는 것은 어쩔 수 없습니다.

● 바라보면 편안한 사람

바라보았을 때 온화한 미소를 지으며 편안한 사람은 제가 안심이 됩니다. 그런 분과는 특별히 친해지고 싶습니다.

● 몸과 마음이 건강한 사람

자기 몸을 잘 가꾸고 유지하는 사람은 마음 또한 건강한 법이니, 제가 믿을 수 있습니다. 저를 잘 관리할 수 있기 때문입니다.

저는 이곳저곳 기웃거리며 제가 진심으로 머물고 싶은 사람을 찾아다닙니다.

여러분이 스스로 귀하게 여기며 품위 있게 행동하면 저는 금방 찾아갈 수 있습니다. 사람은 살아봐야 100년이지만, 저는 태곳적부터 누가 나를 진정으로 필요로 하는지 아는, 수천 년의 노하우가 있기 때문입니다.

거듭 말하지만, 세상 사람 누구나 저의 주인이 될 수 있습니다. 그리고 원한다면 늘 함께하는 친구가 되어 드리겠습니다.

저와 아름다운 동행을 원하는 분께는 기꺼이 찾아갈 것을 약속드립니다.

나는(Money) 신뢰가 쌓인 곳에 조용히 찾아간다.

제1부를 마치며

제1부에서 말하고 싶은 것은 단순하다. 돈은 쫓아가서 붙잡는 대상이 아니라, 머물 만한 사람을 고르는 흐름이라는 점이다.

돈은 재능보다 태도를 보고, 욕심보다 그릇을 본다.

말투와 약속, 배려와 절제 같은 작은 선택들이 결국 신용과 평판이 되고, 그 평판이 돈의 방향을 바꾼다.

이제 질문은 다시 처음으로 돌아간다.

"지금의 나는 돈이 머물기 편안한 사람인가?"

제2부에서는 그 답을 현실의 습관으로 확인해 보겠다.

큰 결심이 아니라, 매일의 작은 관리로 삶의 흐름을 다시 정렬하는 방법을 다루어 본다.

PART

02

제2부

못난이들의 버릇과
습관 40가지

사소한 습관과 버릇이
당신을 좀먹는다

사회적으로 신망이 두텁고 경제적으로 안정된 사람들에게는 공통적으로 드러나는 태도가 있다. 옷차림은 깔끔하면서도 과하지 않은 멋이 있고, 말과 행동에서는 자연스러운 품격이 묻어난다. 또 집과 자동차 같은 생활 공간도 잘 정돈되어 있음을 볼 수 있다. 무엇보다 타인을 배려하는 동시에 자기관리에도 철저한 면이 있다.

반대로 주변에서 가까이하고 싶지 않은 사람들을 보면, 버릇과 습관에서 반복되는 문제들이 나타나는 경우가 많다.

여기서 말하는 '못난이'란 단순히 경제적 능력이 부족한 사람을 뜻하지 않는다. 사회적 신뢰와 대인관계, 생활 태도 전반에서 반복적인 마찰을 일으켜 주변의 신망을 얻기 어려운 사람을 의미한다.

작은 개미구멍이 둑을 무너뜨리듯, 무심코 되풀이하는 사소한 습관은 서서히 신뢰를 깎고 관계를 멀어지게 만든다. 그 결과는 사회생활 전반의 기회와 평판에도 영향을 미친다.

반대로 더 나은 삶을 원한다면, 그런 습관과 행동을 반면교사로 삼아 자신의 태도와 일상을 점검하고 하나씩 고쳐 나가면 된다.

겉모습은 말보다 먼저 평가받는다
-외형과 비언어 습관이 만드는 첫인상-

우리는 사람을 만나기 전부터 이미 많은 것을 '보고' 판단한다. 옷의 색과 구김, 머리와 눈썹의 정돈, 걸음의 속도와 소리, 어깨의 각도와 시선의 방향까지.

입을 열기도 전에 몸이 먼저 자기소개를 끝낸다. 그래서 첫인상은 우연이 아니라 평소 몸에 밴 습관이 만들어 낸 결과다.

외형을 가꾸는 일을 허영으로 오해하는 사람도 있다. 그러나 정돈된 외형은 남에게 잘 보이기 위한 장식이 아니라 자기 자신을 존중하는 방식이다. 반듯한 셔츠 한 장, 곧은 자세, 과하지 않은 몸짓은 "나는 내 삶을 바르게 관리한다."는 신호가 된다.

반대로 구겨진 옷과 흐트러진 머리, 산만한 움직임은 "나는 내 일상부터 제대로 가꾸지 못한다."는 인상을 남기기 쉽다. 그리고 세상은 그런 인상을 생각보다 오래 기억한다.

이 장은 '멋을 내는 법'을 말하려는 것이 아니다. 내면의 상태가 자연스럽게 드러나는 부분을 점검하고, 작은 정돈이 어떻게 자신감과 신뢰로 이어지는지 확인하려는 것이다.

고급스러움은 가격이 아니라 태도에서 나오고, 품격은 취향이 아니라 습관에서 만들어진다.

몸은 말보다 솔직하다.

몸을 정돈하는 순간, 말의 무게도 사람의 무게도 달라진다.

칙칙한 색상에 구김 많은 복장

복장은 그 사람의 존엄과 가치를 드러내는 첫 신호다. 그러므로 가능한 한 밝고 단정하게 구김 없이 입는 편이 유리하다.

사람은 상대를 평가할 때, 말보다 먼저 정돈 상태를 본다. 옷이 구겨져 있고 핏이 맞지 않으면 능력과 별개로 "준비가 덜 됐다."는 인상을 주기 쉽다.

거리에서 사람들을 유심히 관찰해보면 어두운 색상에 핏이 맞지 않는 옷차림이 주는 공통된 인상이 있다. 중요한 것은 '그 사람이 어떤 사람인가'가 아니라 그 옷차림이 주변에 어떤 메시지를 전달하는가이다. 옷은 취향을 넘어 태도와 신뢰를 전하는 언어가 되기 때문이다.

그리고 기억할 것이 있다. 복장은 때때로 우리의 마음가짐을 특정 방향으로 이끈다는 점이다. 겉모습이 내면을 전부 결정하지는 않지만, 행동의 모드를 바꾸는 촉매가 되기도 한다.

군복무를 마친 남성들이 예비군복을 입으면 터프해지는 것과 마찬가지다. 하지만 이들이 평상복으로 갈아입으면 언제 그랬냐는 듯 점잖게 행동한다. 복장으로 인해 행동의 모드가 바뀐 것이다.

옷은 말을 하지 않지만, 첫인상은 이미 드러나 있다.

요즘은 아웃도어 의류를 평상복처럼 입는 사람이 많다. 활동성이 좋고 관리가 쉬워서다. 다만 격식이 필요한 자리에서도 같은 복장을 고집하면, 본인은 편해도 타인에게는 "상황을 읽는 감각이 부족하다."는 신호로 비칠 수 있다. 복장은 나를 편하게 해주지만, 동시에 내 이미지를 낮출 수도 있다는 점을 기억할 필요가 있다.

심리학에서 말하는 '코스튬 효과'는 복장이 내 마음과 행동뿐 아니라 타인이 나를 대하는 태도에도 영향을 줄 수 있다고 본다. 쉽게 말해 입는 옷이 역할을 부른다는 뜻이다.

정장은 태도를 격식 쪽으로, 운동복은 활동 모드로, 잠옷은 휴식 모드로 이끈다. 교복은 학생처럼, 제복은 책임과 권위를, 앞치마는 일할 마음을 불러일으킨다. 그러므로 상황에 맞게 옷차림을 선택하는 일은 단순한 치장이 아니라 자기관리이자 커뮤니케이션이다.

늘 편한 복장만 고집하면 말과 행동도 가볍게 변하기 쉽다.

어느 구직자의 상반된 사례

한 구직자는 스펙과 실력이 좋아 면접 때도 늘 소탈한 복장으로 임했다. 그는 "겉모습보다 실력이 중요하다."고 굳게 믿었다. 하지만 면접관은 정돈되지 못한 옷차림에서 진지함이 부족하다고 느꼈고, 조직에 대한 태도도 가볍게 여긴다고 판단했다. 결국 그는 실력과 별개로 불리한 평가를 받았다.

반대로 다른 구직자는 실패가 반복되자 전략을 바꿨다. 밝은 계통의 핏이 잘 맞는 옷을 골라 다림질까지 정성껏 한 뒤 면접에 임했다.

복장이 바뀌자 자세와 표정, 말의 품격도 달라졌다. 그 변화는 면접관에게도 안정감으로 전달되었음은 물론이다. 그는 '옷이 날개'라는 말을 몸소 실감했다.

두 사례는 옷차림이 단지 보기 좋음의 문제가 아니라 태도·자신감·신뢰와 연결된다는 점을 보여주고 있다.

삼성을 창업한 이병철 회장은 "사람은 입은 대로 행동한다."고 했다. 단정한 옷을 입으면 행동도 반듯해지고, 구겨진 옷을 입으면 행실도 무너진다고 했다. 그러므로 늘 옷차림을 통해 자신을 가꿀 것을 강조했다.

최소한의 자기 가꿈을 통해 옷은 밝고 깔끔하게 입어야 운과 복이 들어오는 법이다. 동물도 자신을 돋보이게 하려고 본능적으로 치장한다는 사실을 잊지 말자.

중요한 발표 자리에서 평가가 흔들린 학회장

상철 씨(가명)는 학계에서 여러 권의 책을 낸 저명한 사람이었다. 젊을 때는 체육 교사를 할 정도로 성격이 활달했지만, 때와 장소에 맞는 복장에 대한 감각은 부족했다. 특히 활동성이 좋다는 이유로 평소에도 아웃도어 의류를 즐겨 입었다.

어느 심포지엄에 초청받았을 때도 그는 등산복 차림으로 참석했다. 발표 내용 자체는 무난했다. 그러나 단정한 복장의 다른 발표자들 사이에서 그의 차림은 상대적으로 가벼워 보였다. 발

나는 돈(Money)입니다

표 중간중간 농담을 던지거나 청중의 반응을 유도하는 태도도 "장소에 걸맞은 신중함이 부족하다."는 인상으로 이어졌다.

발표가 끝난 뒤, 참석자들은 내용보다 먼저 옷차림과 태도를 이야기했다. "진지해야 할 자리에서 청중을 가볍게 대하는 것 같다."는 반응도 나왔다. 그는 그날, 메시지의 품질이 아니라 복장과 태도 때문에 평가가 흔들렸다. 그 여파는 개인을 넘어 해당 학회의 이미지에도 영향을 미쳤다.

복장 하나가 전문성의 프레임을 바꿀 수 있다는 것을 보여준다.

나를 점검해 보기

☐ 밝은 톤보다 어두운색의 옷만 고집하는 편이다.

☐ 옷에 구김이 있어도 신경 쓰지 않고 그냥 나간다.

☐ 내 몸에 맞지 않는 핏(너무 크거나 작은 옷)을 자주 입는다.

☐ 중요한 자리에서도 편한 옷이 우선이다.

☐ 외출 전 전신 거울 점검을 거의 하지 않는다.

▶ 하나라도 체크되었다면, 때와 장소에 맞는지 자신의 옷차림을 점검해 볼 필요가 있다.

왜 문제인가?

옷차림이 단정하지 않다고 해서 능력이 부족한 것은 아니다. 그러나

사회적 관계에서는 내면을 보기 전에 겉으로 드러나는 관리 상태가
먼저 읽힌다.

어둡고 주름진 옷차림은 의도와 무관하게 여유 없음, 자기관리 부족,
상황 판단 미흡으로 해석되기 쉽다. 따라서 옷차림은 단순히 라이프
스타일을 넘어, 내 가치를 제대로 전달하기 위한 기본 조건이다.

기회는 정돈된 복장에 더 오래 머무는 법이다.

지저분한 머리 · 헝클어진 눈썹

최소한의 자기 가꿈은 사회생활의 기본이니 두발을 깔끔하게 관리할 필요가 있다. 머리가 지저분하면 능력과 무관하게 정돈이 덜된 사람으로 보이기 쉽다. 특히 헤어라인과 눈썹은 얼굴 인상의 프레임이어서 조금만 흐트러져도 전체 분위기가 피곤하고 산만해 보인다.

관상에서는 머리와 눈썹의 헝클어짐을 일이 '엉키고 꼬이는 징후'로 보기도 본다. 실제로 외모가 흐트러지면 마음가짐과 생활 리듬까지 함께 무너지는 경우가 많다.

이런 사람은 모자를 자주 쓰는 경향이 있다. 콤플렉스를 가리려는 의도일 수도, 단순한 습관일 수도 있다. 다만 모자를 비스듬히 쓰거나 깊게 눌러쓰면 의도와 달리 태도가 불성실해 보일 수 있다.

마스크로 얼굴과 표정을 가리는 습관 또한 상대에게 거리감과 경계심을 만들 수 있어 소통에 불리하게 작용하기 쉽다.

반대로 눈썹과 헤어라인만 정리해도 인상이 또렷해지고 신뢰감이 올라간다. 과한 세팅이나 화장이 아니라 최소한의 가꿈이니 '자기 정돈은 최고의 분장'이라고 했다. 모자를 쓰더라도 상황에 맞게 착용하면 멋진 스타일링이 될 수 있다.

머리와 눈썹은 전체 인상의 프레임이다.

헝클어진 모습으로 오해를 산 사례

중견기업의 프로젝트 발표 자리에서 이 주임은 아이디어와 실력은 뛰어났지만, 머리와 눈썹이 정리되지 않아 전체 인상이 다소 어수선해 보였다. 본인은 내용으로 승부한다고 생각했으나, 임원들은 발표 내내 "급하게 나온 것 같다.", "산만해 보인다."라는 인상을 먼저 받았다.

결국 이 주임은 밤새 준비한 노력과 진정성이 외형의 관리 부족이라는 작은 요소에 가려지며, 불필요한 오해를 사게 되었다.

광고 회사 신입 디자이너 민수 씨는 모자를 살짝 비스듬하게 쓰며 개성을 표현하고 싶어 했다. 본인은 트렌디함과 자유로운 분위기를 드러내는 방식이라고 여겼다.

하지만 상사와 동료들은 늘 모자를 삐딱하게 쓰는 태도는 "규율과 질서를 중시하는 조직에 반항적으로 보인다."고 생각했고, "태도가 바르지 못하다."는 신호로 받아들이기 시작했다.

그 결과 민수 씨는 실력과 무관하게 외부 미팅이나 프레젠테이션에서 배제되는 일이 늘었고, 자연스럽게 성장 기회에서도 손해를 보게 되었다. 개성도 TPO*에 맞게 표현될 때, 신뢰와 공감을 얻는다는 점을 보여준다.

재택근무 시대, 마스크가 만든 소통의 벽

코로나 팬데믹 이후 재택근무가 늘면서 화상회의가 일상이 되었다. 박 부장은 회의 때마다 마스크를 착용한 모습으로 참여하곤 했다. 건강상의 이유가 있을 수도 있지만, 화면 속 그의 모습은 동료들에게 진솔한 소통을 어렵게 만드는 요인이 되었다. 표정 변화가 보이지 않으니 박 부장의 말이 긍정인지 부정인

---

* Time(시간), Place(장소), Occasion(상황)의 약자

지, 농담인지 진담인지 맥락을 읽기 어려웠던 것이다.

그 결과 직원들은 박 부장과 대화할 때, 불필요한 경계심을 갖게 되었고 중요한 논의에서도 형식적인 대화만 반복되었다.

"부장님의 속마음을 모르겠어요."

"표정이 안 보이니 답답하네요."

이 사례는 마스크나 깊게 눌러쓴 모자처럼 얼굴과 표정을 가리는 습관이 의도와 무관하게 거리감을 만들고, 신뢰 형성에 불리하게 작용할 수 있음을 보여준다.

나를 점검해 보기

☐ 머리와 눈썹 정돈을 시간 낭비라고 생각한다.

☐ 앞머리, 헤어라인이 흐트러져도 그대로 다닌다.

☐ 머리와 눈썹을 가꾸는 것이 남자답지 않다고 생각한다.

☐ 모자나 마스크로 얼굴을 자주 가리고 표정을 숨기는 편이다.

☐ 중요한 날에도 미리 정돈하지 않고 급히 나간다.

▶ 하나라도 체크되었다면, 성격의 문제가 아니라 기본적인 헤어와 눈썹 정돈을 점검해 볼 필요가 있다.

왜 문제인가?

사람은 얼굴에서 드러나는 작은 단서로 상대의 태도를 빠르게 가늠

한다. 머리와 눈썹이 흐트러진 모습은 의도와 상관없이 자기 점검이 느슨하다는 신호로 읽히기 쉽다. 이런 해석은 말의 내용보다 먼저 작동하며, 전달하려는 메시지의 무게를 가볍게 만든다.

따라서 단정한 정리는 치장이 아니라 불필요한 오해를 줄이기 위한 가장 효율적인 사전 정비다.

구부정한 자세가 주는 인상

자세는 단지 몸의 형태가 아니다. 그 사람의 컨디션, 태도, 에너지 상태가 한 번에 드러나는 신호다. 의욕이 떨어지거나 자신감이 약해지면 어깨가 말리고 허리가 굽는 습관이 생기기 쉽다. 문제는 그 자세가 다시 마음을 끌어내려 무기력한 상태를 고착화시킨다는 점이다.

걸을 때도 마찬가지다. 고개를 숙이고 구부정하게 걷는 사람은 시선이 바닥에 묶여 관점이 좁아지게 마련이다. 반대로 어깨를 펴고 허리를 세우면 시선이 멀어지고 주변을 읽는 여유가 생긴다.

몸과 마음이 연결되어 있다는 말처럼, 몸이 반듯하면 마음도 그 방향으로 정돈되기 마련이다.

업무 장면에서도 자세는 성과와 연결된다. 구부정한 자세가 오래 지속되면 횡경막이 눌려 호흡이 얕아지고, 피로가 빨리 누적돼 집중력이 흔들릴 수 있다. 그래서 짧은 스트레칭이나 자

세 리셋 같은 간단한 교정 습관이 업무 효율을 높이고, 실수를
줄이는 데 도움이 된다는 보고도 있다.

식사 예절에서도 자세는 그 사람의 품격을 드러낸다. 허리를
굽혀 얼굴을 그릇 가까이 대고 먹는 모습은 본인은 '흘리지 않
으려는 조심성'일지라도 상대에게는 급함과 불안으로 비칠 수
있다.

식사 때는 기본적으로 수저가 입으로 오게 하는 것이 자연스럽
다. 반대로 입이 음식을 쫓아가면 의도와 무관하게 분위기와
인상이 흐트러져 보이기 쉽다.

구부정한 자세가 태도와 신뢰를 무너뜨린 사람들

박영철 매니저는 프로젝트 리더였지만, 회의 때마다 의자에

기대어 축 늘어지거나 모니터 앞에 구부정하게 앉아 있는 습관이 있었다. 팀원들이 의견을 내고 중요한 내용을 공유하는 순간에도 자세가 흐트러지다 보니, 구성원들은 그를 두고 "집중하지 않는 것 같다.", "에너지가 부족해 보인다."는 인상을 갖게 되었다.

그 결과 리더로서의 추진력과 신뢰도는 서서히 약화되었다. 프로젝트 성과가 흔들리자 팀 내부에서는 "매니저가 중심을 잡지 못한다."는 말이 오갔다. 결국 그의 자세는 단순한 습관을 넘어 업무 태도 전반에 대한 평가로 이어졌다.

시장에서 작은 점포를 운영하는 철민 씨는 사회생활 초기부터 구부정한 자세로 일하는 습관이 있었다. 이 자세는 단순히 몸의 문제에 그치지 않고, 마음가짐과 타인에게 주는 인상까지 영향을 주었다.

구부정한 자세로 오래 앉아 있으면 어깨 결림과 허리 통증이 생기기 쉽다. 실제로 철민 씨는 만성 피로에 시달렸고 그 피로는 무기력과 자신감 저하로 이어졌다. 걸을 때도 어깨가 축 처지고 고개가 숙여지다 보니 스스로가 초라하게 느껴졌으며, 사람을 대하는 태도 역시 점점 소극적으로 변했다.

문제는 이런 분위기가 점포에도 그대로 드러난다는 점이다. 손님 입장에서는 철민 씨의 지친 표정과 기운 없는 태도를 보면

"상품 관리가 제대로 될까?"라는 불안으로 연결되기도 했다.

결국 그는 자세에서 비롯된 컨디션 저하와 이미지 손실이 겹치며, 몸 상태뿐 아니라 매출에도 영향을 받았다.

식사 자리에서 신뢰를 잃은 남성

미혼 남성 찬영 씨는 성실하고 착한 사람으로 친구들 사이에서 평판이 좋았다. "찬영이는 참 부지런한 친구야!"라는 말이 자연스럽게 나올 정도였다.

찬영 씨는 화물차로 택배 일을 했다. 새벽부터 운전과 배달을 반복하는 일정 탓에 식사는 늘 급했고, 차 안에서 김밥이나 햄버거 같은 간편식으로 끼니를 때우는 날이 많았다. 그러다 보니 식당에 앉아도 허리를 굽힌 채 그릇 가까이 얼굴을 대고 빠르게 먹는 습관이 굳어졌다. 빨리 먹어야 한다는 몸의 리듬이 생활 전반에 남아 있었던 것이다.

이 모습은 친구들과 식사할 때도 비슷했다. 친구들이 "찬영아, 좀 천천히 먹어라. 누가 쫓아오는 것도 아닌데…"라고 말할 정도였다.

어느 날 찬영 씨는 친구의 소개로 은희 씨와 맞선을 보게 되었다. 분위기 있는 레스토랑에서 식사를 하며 대화를 나누던 중, 수프가 나오자 찬영 씨는 흘리지 않으려는 마음에 접시 가까이 얼굴을 대고 먹었다. 첫 만남에서 실수하지 않으려는 조심스러움이었지만, 메인 음식이 나와도 그는 고개를 깊이 숙인 채 빠르게 먹는 습관을 반복했다.

이를 본 은희 씨는 그 모습이 불안하고 초조해 보인다고 느꼈고, 상대의 속도나 분위기를 배려하지 못하는 것 같다는 생각까지 들었다. 한 번 그런 생각이 들자 찬영 씨의 다른 행동들까지 다시 보게 되었다.

은희 씨는 그가 성실하고 착한 사람이라는 점은 인정했지만, 식사 자리에서 드러난 자세와 태도에서는 실망했다.

"나중에 친구들 모임에서도 저러면 어떡하지?"

"혹시 삶 전체가 늘 급해서 여유 없는 것은 아닐까?"

두 사람은 서둘러 식사를 마친 뒤, 애프터 약속 없이 헤어졌다.

식사 태도 하나가 그 사람의 평가를 좌우한 사례였다.

나를 점검해 보기

☐ 앉아 있으면 어깨가 말리고 허리가 쉽게 굽는다.

☐ 걸을 때 고개가 숙여져 시선이 바닥을 향한다.

☐ 회의나 대화 중 몸을 기대거나 축 늘어진 자세로 있는 경우가 많다.

☐ 피곤하면 자세가 더 무너지고 말투도 소심해진다.

☐ 식사할 때 얼굴을 그릇 가까이 대고 먹는 편이다.

▶ 하나라도 체크되었다면, 체형의 문제가 아니라 자세를 바로잡는
루틴을 만들어 보자.

왜 문제인가?

사람은 상대의 말보다, 먼저 몸이 만들어 내는 전체 분위기를 읽는다.
등이 굽고 시선이 낮은 모습은 의도와 상관없이 주도권이 약하다는
인상을 남기기 쉽다.

한번 굳어진 인상은 말로 설명해도 쉽게 바뀌지 않는다. 그래서 몸의
중심을 바로 세우는 습관은 외형 교정이 아니라 관계와 평가에서 손
해를 줄이기 위한 기본 몸짓이다.

주머니에 손 넣는 버릇

손은 생각보다 많은 메시지를 전달한다. 그중에서도 바지 주머니에 손을 넣는 습관은 의도와 다르게 해석되기 쉬운 행동이다.

계절과 상황을 가리지 않고 손을 주머니에 넣고 있으면 본인은 편안함을 택했을지 몰라도, 상대는 과시·무심함·거리 두기로 받아들일 수 있다. 특히 인사나 대화 중에도 같은 자세가 유지되면, 기본적인 예의가 생략된 듯 보이기 쉽다.

문제는 이 행동이 반복될 때다. 한두 번은 습관으로 넘길 수 있지만, 늘 같은 자세로 보이면 그것이 그 사람의 태도로 인식된다.

게다가 안전 문제도 있다. 지인 중에는 계단을 내려올 때 청바지 뒷주머니에 손을 넣고 내려오다 넘어져 얼굴을 크게 다친 적이 있다. 특히 겨울철 길이 미끄러울 때는 자칫하면 골절상을 당할 수 있으니 조심하는 것이 좋다.

카리스마는 손을 주머니에 넣고 다닌다고 생기지 않는다. 오히려 열린 자세가 품격과 여유를 만든다.

주머니에 손을 넣은 대화가 무례로 읽힌 교수

학계에서 논문과 저술로 이름난 교수가 있었다. 그가 한 세미나에 참석하자 많은 사람이 서로 인사를 나누고자 했다. 그러나 그는 바지 주머니에 손을 넣은 채 대화를 했는데, 자신은 그것이 자연스럽고 스스럼없다고 생각한 것이다.

세미나가 끝나고 참석자들 사이에서는 "그 교수의 태도는 상대를 무시하는 것 같다."는 평이 많았다.

의도와 상관없이 주머니에 손을 넣는 자세가 과시적이고 무성의한 태도로 읽히면서 현장의 분위기를 차갑게 만들고, 대인관계에도 불필요한 손상을 남겼다.

첫인상에서 오해를 산 신입사원

준형 씨는 꼼꼼한 성격으로 촉망받는 신입사원이었다. 첫 직장인 만큼 누구보다 잘하고 싶은 열정도 컸다. 그러나 입사 초, 사소한 습관 하나가 첫인상에 예상치 못한 부담으로 작용했다.

준형 씨는 손발이 차가울 때, 무심코 양손을 바지 주머니에 넣고 서 있는 경우가 잦았다. 출퇴근길에도 걷는 내내 손을 주머니에 넣고 다녔고, 휴게실에서 커피를 마실 때도 한쪽 손을 주머니에 넣는 버릇이 있었다. 본인은 단순히 보온을 위한 행동이었고 습관이었다.

입사 후 첫 회식 자리에서도 그는 막내로서 선배들의 분위기를 맞추며 예의를 지키려 애썼다. 다만 잠시 쉬는 동안 찬 손을 녹이려 무심코 양손을 바지 주머니에 넣은 채 서 있었고, 공교롭게도 그 모습을 부서 임원이 보게 됐다. 임원은 그 자세를 불성실하다는 신호로 받아들였다.

회식이 끝난 뒤, 임원은 부서장에게 "신입사원 몸가짐 교육이 필요해 보인다."는 피드백을 전했다. 그 한마디는 곧 부서원들 사이로 퍼졌고 준형 씨의 이미지에 불리하게 작용했다.

준형 씨는 수족냉증 때문이라고 해명했지만, 한 번 생긴 인식

나는 돈(Money)입니다

을 바로잡는 데는 많은 시간과 노력이 필요했다.

나를 점검해 보기

☐ 걷거나 서 있을 때, 양손을 바지 주머니에 넣는 편이다.

☐ 인사하거나 대화할 때도 손을 주머니에 넣고 있는 경우가 있다.

☐ 추위와 습관을 이유로 자리 구분 없이 손을 주머니에 넣는다.

☐ 미끄러운 길, 계단에서도 손을 빼지 않는다.

☐ "이게 내 자연스러운 자세"라고 생각한다.

▶ 하나라도 체크되었다면, 태도의 문제가 아니라 비언어 습관의 문제일 수 있다.

왜 문제인가?

대화의 진정성은 말보다 먼저 몸의 개방성에서 감지된다. 손을 숨긴 자세는 의도와 달리 거리감이나 무성의한 태도로 보이기 쉽다. 이런 인상은 첫 만남의 분위기를 좌우해 오래 남는다.

특히 공식적인 자리일수록 작은 비언어 습관이 태도 전체를 압축해 보여준다. 그래서 손의 위치는 예절의 문제가 아니라 불필요한 오해를 줄이기 위한 기본적인 소통 관리다.

셔츠의 윗단추 풀고 다니기

남성이 셔츠의 윗단추를 풀고 다니는 모습은 본인에게는 여유나 터프함의 표현일 수 있다. 하지만 상대에게는 허세로 보이거나 TPO를 고려하지 못한 가벼운 인상으로 읽힐 가능성이 있다.

진짜 무게감은 과한 연출이 아니고 절제와 균형에서 나온다. 액션 영화 속 주인공들은 정장에 넥타이를 매고 행동하는데, 그들이 멋있어 보이는 것은 과시가 아니라 장면과 역할에 맞게 자신을 정돈하는 태도에서 나온다.

비슷한 맥락에서, 조깅 중 웃통을 벗는 행동 역시 본인에게는 자신감의 표현일 수 있다. 그러나 공공장소에서는 타인의 시선과 기준이 다양하기 때문에 불쾌감을 주거나 불필요한 오해를 살 수 있다.

개성을 드러내려다 오히려 가볍게 보이지 않으려면, 먼저 상대가 불편해하지 않을 선을 지키는 것이 안전하다.

단추 하나는 극히 작은 디테일이지만, 전달되는 태도는 크게 다르다.

자유분방함 때문에 평가가 흔들린 직원

김 대리는 직장 내에서 젊은 패기와 함께 자신만의 개성을 표현하고 싶어 했다. 특히 셔츠 윗단추 두 개를 풀어 좀 더 자유롭고 쿨해 보이는 스타일을 선호했다. 캐주얼한 금요일이나 가벼운 미팅에서는 그 방식이 크게 문제 되지 않는다고 생각했다. 하지만 상사와 선배 동료들은 그의 옷차림에서 가벼움 혹은 과한 연출을 먼저 읽었다.

"개성도 좋지만, 때와 장소를 고려하지 못하는 것 같다."

"중요한 자리에서도 저런 스타일이면 거래처에 불리할 수 있겠어."

이런 평가가 돌면서, 김 대리는 업무 역량과 무관하게 신뢰 프레임에 손해를 입었다.

　30대 중반의 여성 팀장은 패션에 관심이 많고 자신을 가꾸는 데 많은 노력을 기울이는 편이었다. 어느 날 그녀는 가벼운 소재의 블라우스 윗단추를 풀고 출근했다. 하지만 블라우스의 디자인 특성상 윗단추를 하나만 풀어도 목 부분이 깊게 파이는 스타일이었다.

회의 시간에 그녀가 설명을 하자 몇몇 동료들의 시선이 복장 쪽으로 쏠렸다. 여성 동료들 사이에서는 "회사에 저렇게 입고 오는 건 과하지 않나?"라는 수군거림이 생겼다. 여성 팀장은 시원하고 편안함을 추구했을 뿐이지만, 주변에서는 불필요한 노출로 받아들이는 사람도 있었다.

마초적인 과시가 과도한 노출로 이어진 사례

상호 씨는 규칙적인 운동으로 다져진 몸매를 자랑하는 헬스 마니아였다. 그는 날씨가 더워지면 집 근처 하천에서 웃통을 벗고 조깅하는 것을 즐겼다. 그는 이것이 자신감의 표현이라고 생각했다.

상호 씨는 자신의 건강한 몸을 보여주며 왠지 모를 뿌듯함을 느꼈지만, 공원 이용객들의 시선은 달랐다. 공원에는 가족 단위의 나들이객, 아이들과 함께 산책하는 부부, 노인 등 다양한 사람들이 있었다.

나는 돈(Money)입니다

특히 일부 여성들은 불편한 표정을 감추지 못했다.

"어휴, 꼴불견이야 정말!"

"공원에 애들도 많은데 저게 뭐람!"

"저 사람, 노출증 있는 거 아냐?"와 같은 수군거림이 그의 뒤를 따랐다.

한번은 그가 벤치에 앉아 쉬는 동안 땀에 젖은 그의 맨살이 벤치에 그대로 닿았다. 그가 떠난 뒤 그곳에 앉으려던 한 여성은 땀자국이 선명하게 남은 것을 보고, 인상을 찌푸린 채 자리를 피해 떠났다.

결국 공원 관리 사무소에는 웃통을 벗고 조깅하는 사람에 대한 민원이 여러 차례 접수되었고, 단정한 복장 착용을 요청하는 안내문이 공원 곳곳에 붙게 되었다.

결과적으로 상호 씨의 자신감으로 시작한 행동은 공공 예절과 배려의 문제로 해석되며 평판 손실로 이어졌다.

나를 점검해 보기

☐ 셔츠 윗단추를 풀어야 더 "쿨해 보인다."고 느낀다.

☐ 미팅이나 공식 자리에서도 복장 디테일을 대충 넘긴다.

☐ "내가 편하면 됐지"가 우선이다.

☐ 노출이나 과한 연출이 상대에게 불편할 수 있다는 생각을 잘 안

한다.

☐ 차분해 보이기보다 강한 인상을 남기고 싶어 한다.

▶ 하나라도 체크되었다면, 개성의 문제가 아니라 상대와 상황을 먼저 고려하는 복장 선택에 문제가 있을 가능성이 있다.

왜 문제인가?

단추 하나가 그 사람의 평가를 결정하지는 않는다. 다만 첫인상의 무게를 가볍게 만들 수는 있다. 과한 노출이나 과시는 자유의 표현이라기보다 배려가 부족하다는 신호로 읽히거나 TPO 감각이 약한 모습으로 해석되기 쉽다.

절제된 옷차림은 개성을 억제하는 것이 아니라 관계의 안정감을 지키기 위한 최소한의 선이다.

얼굴빛이 주는 신호

얼굴빛과 표정은 컨디션과 감정 상태를 가장 먼저 드러내는 신호다. 예로부터 얼굴이 검거나 탁하면 건강 이상을 의심했고, 얼굴이 쉽게 붉어지는 사람은 마음속 긴장이나 분노가 겉으로 드러난 것으로 여겼다. 인상학에서도 얼굴빛이 탁하거나 붉으면 구설수가 있고 오던 복도 달아난다고 말한다.

그래서 평소 건강을 꾸준히 관리하고 심호흡이나 명상처럼 긴장을 낮추는 방법으로 표정이 과도하게 굳지 않도록 자신을 돌볼 필요가 있다.

여름철에는 강한 자외선과 열로 얼굴이 쉽게 붉어질 수 있다. 이를 줄이려면 양산을 쓰거나 우산을 양산처럼 활용하는 것도 실용적인 방법이다. 양산은 여성의 전유물이 아니라 남성에게도 얼굴과 컨디션을 지키는 현실적인 도구가 될 수 있다.

얼굴빛은 몸보다
먼저 그 사람의
상태를 말해준다.

내 피부를 지키는 데 성별이 따로 있을 수 없다.

골프장에서는 남녀를 가리지 않고 큰 양산을 쓴다. 자외선으로부터 피부를 보호하기 위해서다. 그런데 도심에서 남성이 양산을 쓰면 "남자답지 못하다."는 말을 듣기도 한다. 하지만 내 얼굴, 내 피부를 지키는 데 성별이 따로 있을 수 없다.

2025년 보도에 따르면, 일본에서는 남성의 양산 사용 비율이 44%를 넘고 여성은 91% 수준이라고 한다. 폭염으로 온열 질환이 늘면서 양산이 패션이 아니라 건강 관리 도구로 자리 잡은 것이다.

요즘은 남성용 양산도 다양하게 나오니 눈치 보지 말고 스스로 관리하자. 여름철에는 소나기가 잦으니, 가방에 우산을 넣고 다니면서 양산 겸용으로 활용해도 된다.

늘 화난 것처럼 얼굴이 붉었던 사람

40대 남성 A 씨는 술을 마신 것도 아닌데, 얼굴빛이 유난히 붉어 늘 화난 사람처럼 보였다. 처음부터 그랬던 것은 아니고 어느 시점부터 얼굴빛과 인상이 눈에 띄게 달라진 것이다. 그런 변화가 좋지 않은 신호처럼 느껴져 자연스럽게 거리를 두게 됐다.

그런데 얼마 지나지 않아 그는 직장에서 횡령 문제로 쫓겨났고, 이후에는 불미스런 일로 고소당해 경찰 조사를 받는 일까지 벌어졌다. 사건이 이어지면서 주변 사람들도 하나둘 그를 피하게 되었고 결국 그는 관계가 끊기며 외톨이가 되고 말았다.

감정이 얼굴에 먼저 드러나는 부장님

영업직의 황 부장은 성격이 급하고 다혈질인 편이었다. 일이 뜻대로 풀리지 않거나 의견이 부딪치면 얼굴이 금세 붉어졌고 말투도 거칠어졌다. 초기에는 열정이 강한 사람으로 보이기도 했지만, 붉어진 얼굴과 거친 어조가 반복되자 주변과의 소통이 점점 어려워졌다.

황 부장 본인은 일을 밀어붙이는 추진력이라 여겼지만, 주변에서는 "대화하기가 부담스럽다."는 인상으로 받아들였다. 그 결과 조직 내 신뢰가 떨어지면서 승진에서 누락되었다.

초급 간부 시절에는 강한 에너지가 장점으로 평가되었으나, 직급이 올라가면서 조직이 요구하는 역량은 열정보다 안정과 융화라는 점을 더 중요하게 본 것이다.

나를 점검해 보기

☐ 피곤해도 표정이 굳은 채로 그냥 지낸다.

☐ 긴장하거나 분노가 올라오면 얼굴이 쉽게 붉어진다.

☐ 감정이 얼굴에 그대로 드러난다는 말을 자주 듣는다.

☐ 폭염이나 자외선에도 대책 없이 다닌다.

☐ 호흡/명상/휴식 같은 긴장 관리를 거의 하지 않는다.

▶ 하나라도 체크되었다면, 컨디션과 감정 관리 방식을 점검해 볼 필요가 있다.

왜 문제인가?

탁하거나 붉은 얼굴빛은 의도와 상관없이 피로와 긴장, 감정 과잉으로 해석되기 쉽다. 이런 해석은 상대에게 불필요한 거리감과 경계심을 만들어 대화의 시작을 어렵게 만든다.

특히 중요한 만남에서는 인상의 안정감이 판단의 기준으로 작용한다. 그래서 얼굴빛 관리는 외모의 문제가 아니라 관계와 평가에서 손해를 줄이기 위한 기본적인 컨디션 관리다.

요란한 걸음걸이

걸음걸이를 보면 그 사람의 태도와 성향을 어느 정도 짐작할 수 있다. 팔과 다리를 크게 휘저으며 걷는 모습은 자신도 모르게 존재감을 드러내려는 행동으로 보일 수 있다. 그러나 동작이 과하면 때로는 "요란하다."는 평가로 이어진다. 특히 우산이나 스틱, 가방을 들고 다니면서 뒷사람을 고려하지 않은 채 크게 휘두르면 주변에 불편을 주기도 한다. 본인은 무심코 한 행동일지라도 타인에게는 "배려가 부족하다."는 신호로 읽힐 수 있다. 이런 작은 불편이 반복되면 오해가 쌓이면서 스스로 사람을 멀어지게 만든다.

발소리도 마찬가지다. 계단에서 '또각또각', '쿵쿵' 소리가 나거나 복도에서 발걸음이 거칠면, 주변은 그 소리를 태도와 연결해 해석하기 쉽다. 또 신발을 구겨 신거나 질질 끄는 습관은 단정함이 부족하고 경솔해 보이는 인상을 준다.

결국 걸음걸이와 신발의 상태 또한 그 사람의 생활 태도와 자기관리 수준을 짐작하게 하는 작은 단서가 된다.

발걸음 하나가
태도와 품격을
드러낸다.

일부 매장에서는 고객을 응대할 때 걸음걸이의 소리와 리듬을 참고한다고 한다. 발걸음이 급하고 소리가 큰 고객은 구매보다 관람 목적일 가능성이 크다고 보고, 발걸음이 차분하고 안정된 고객은 구매 의사가 높다고 판단해 응대에 더 집중한다는 식이다.

발걸음 하나로 대접의 분위기가 달라질 수 있다는 점에서 시사하는 바가 있다.

요란한 걸음걸이로 오해를 산 신입사원

어느 회사의 신입사원 K 씨는 열정적이고 에너지가 넘치는 편이었다. 다만 걸음걸이가 요란해 계단에서는 쿵쿵 소리가 났고, 복도에서도 발걸음이 유난히 크게 들렸다. 이웃 부서에서는 발소리만으로도 K 씨가 지나가는 것을 알 정도였다.

또 어깨에 멘 가방을 무심코 크게 흔들어 주변 사람과 부딪힐 뻔한 일도 있었다. 처음에는 "성격이 활달해서 그런가 보다." 하고 넘어갔지만, 시간이 지나면서 평가는 달라지기 시작했다. "조심성이 없다.", "신중함이 부족해 보인다."라는 말이 오가면서 그는 업무 능력과 별개로 불편한 사람이라는 인상을 얻게 되었다. 사소한 걸음 습관 하나가 사람들의 평가와 관계에까지 영향을 줄 수 있다는 점을 보여준다.

고급 우산 뒤에 숨겨진 무심한 태도

박 부장은 늘 깔끔한 정장 차림에 눈이나 비가 올 때면 고급스러운 긴 우산을 들고 다녔다. 그 우산은 단순히 비를 막는 도구를 넘어 그의 자신감을 상징하는 듯했다.

그러나 아이러니하게도 그 상징적인 우산은 어느 순간부터 그의 평판을 조금씩 갉아먹는 도구가 되었다.

박 부장은 성격이 급한 편이고 발걸음마저 요란했다. 좁은 사무실 복도나 동료들 사이를 지날 때면 손에 든 긴 우산을 무심코 대각선으로 들거나 뒤로 크게 휘두르는 습관이 있었다. 그의 우산 끝은 종종 동료들의 책상 위 개인 물품을 건드리거나 지나가던 사람을 치기도 했다.

또 급하게 지나치다 팀원의 칸막이에 걸려 화분이 떨어져 깨진 적도 있었다. 그때마다 박 부장은 "어이쿠, 미안!" 하고 대수롭지 않게 넘겼지만, 정작 자신이 타인에게 얼마나 큰 불편과 위험을 주는지에 대한 인식이 부족했다. 처음에는 직원들도 "실수려니" 하고 넘겼지만, 이런 일이 반복되자 생각이 달라지기 시작했다.

"부장님은 왜 그렇게 비싼 우산을 들고 다니면서 늘 휘두르는지 모르겠어.", "자기만 생각하고 주변을 배려하지 않는 것 같아."라는 불평이 공공연히 오갔다.

그 결과 아무리 업무 성과가 뛰어나더라도 "조심성이 부족하다."는 평가는 쉽게 사라지지 않았다.

그의 고급 우산은 그를 성공한 사람처럼 보이게 하려던 의도와 달리 공동체 감각이 부족한 사람이라는 이미지를 각인시키고 말았다.

나를 점검해 보기

☐ 팔자걸음에 팔까지 크게 휘두르며, 요란하게 걷는 편이다.

☐ 계단이나 복도에서 발소리가 크다는 말을 들은 적이 있다.

☐ 가방/우산/스틱을 휘둘러 주변을 불편하게 한 적이 있다.

나는 돈(Money)입니다

☐ 신발을 질질 끌거나 구겨 신는 편이다.

☐ 내가 다니는 소리와 동작이 주변에 어떤 영향을 주는지 생각하지 않는다.

▶ 하나라도 체크되었다면, 성격 탓으로 돌리기보다 배려와 차분함을 습관으로 만드는 연습이 필요하다.

왜 문제인가?

사람은 상대를 평가할 때 말보다 먼저 소리와 움직임이 만드는 분위기를 받아들인다. 요란한 발소리와 과한 동작은 의도와 상관없이 성급함, 과시, 배려 부족으로 해석되기 쉽다. 또한 신발을 질질 끌거나 구겨 신는 습관은 본인은 사소하다고 여길 수 있지만, 타인은 그 모습에서 생활의 긴장도와 책임감을 읽어낸다.

신뢰는 작은 행동의 반복에서 쌓이지만, 사소한 방심 하나로도 쉽게 흔들린다. 걸을 때는 발소리와 손동작을 한 단계 낮추고 차분한 배려를 습관화하자.

발 까불기 · 손톱 물어뜯기

사람은 긴장하면 몸이 먼저 반응한다. 말로는 침착한 척해도 발과 손은 솔직하다. 특히 불안할 때 발을 흔들거나 손톱을 물어뜯는 행동이 무의식적으로 나타나기도 한다. 이는 정서적 긴장 상태가 몸으로 새어 나오는 신호다. 옛사람들은 이런 습관을 '운과 복을 쫓는 행동'으로 보기도 했다.

문제는 긴장할 이유가 없는데도, 이런 행동이 반복될 때다. 다른 사람에게는 산만해 보이거나, 상황을 대수롭지 않게 여기는 태도로 비칠 수 있다. 작은 몸짓 하나가 상대의 집중을 흐리고 신뢰를 깎는 단서가 된다.

몸이 차분해지면 말과 생각도 또렷해진다. 불필요한 습관을 줄이고 손과 발을 안정시키는 연습은 단지 예절이 아니라 자기 통제력의 표현이다.

무의식적인 발 움직임으로 신뢰를 잃은 사례

어느 프로 바둑기사는 대국에서 자신의 승리가 확실해지면 발을 까부는 버릇이 있었다. 본인은 이겼다는 안도감에서 나온 무의식적인 행동이었지만, 상대는 그 모습에서 모욕감을 느꼈다고 한다.

이 행동은 많은 비판을 불러왔고 훗날 그는 자신의 모습을 TV 화면으로 확인한 뒤 크게 자책하며 잘못된 습관을 고쳤다고 한다. 작은 몸짓 하나가 명예와 평판을 흔들 수 있음을 보여주는 사례다.

한 기업의 마케팅 부서 김 과장은 신규 프로젝트 발표를 맡았다. 회의실 테이블은 ㅁ자 형태로 배치되었고 테이블 아래가 개방되어 참석자 모두의 다리가 보이는 구조였다.

그런데 김 과장은 발표할 때 한쪽 발을 흔들어 무릎을 까부는 행동을 보였다. 긴장할 때 나타나는 김 과장의 오랜 버릇이었다. 하지만 배석자들은 그의 말보다 반복되는 발 움직임에 시선이 분산되면서 집중이 흐트러졌다. 결과적으로 발표의 설득력은 기대만큼 전달되지 못했고 임원들의 평가는 냉정했다. 내용이 아니라 태도가 먼저 읽힌 사례였다.

손톱 물어뜯는 습관이 불안정하게 보인 여성

정아 씨는 취업 준비로 스터디와 면접 준비를 병행하며 불안과 스트레스가 컸다. 스트레스가 올라갈수록 자기도 모르게 손톱을 물어뜯는 습관이 반복되었고, 본인은 그 순간만큼은 긴장이 풀리는 느낌을 받았다. 하지만 주변 사람들에게 그 행동은 유아적으로 보이거나 불안정한 모습으로 읽혔다. 친구들은 정아 씨가 손톱을 물어뜯을 때는 집요한 표정이 되어 뭔가를 궁리하는 것처럼 보였다.

"쟤가 손톱을 물어뜯을 때는 마치 누군가를 진짜 물어뜯으려 하는 것 같아."라고 생각하기도 했다. 또 정서적으로 불안한 마음이 자신들에게 옮겨올까 봐 걱정되기도 했다.

결국 그녀의 그런 행동은 친구들과의 관계에도 영향을 끼쳐 미묘한 거리감을 생기게 했다. 사소한 버릇 하나가 소통의 흐름을 흔들 수 있다는 점을 보여준다.

나를 점검해 보기

☐ 앉아 있으면 무의식적으로 다리 떨기를 자주 한다.

☐ 회의/면접/대화 중 발이나 무릎이 계속 움직인다.

☐ 손톱을 물어뜯는 습관이 있다.

☐ 긴장하면 손이 얼굴과 입 주변으로 자주 간다.

☐ 원래 버릇이라 어쩔 수 없다고 생각한다.

▶ 하나라도 체크되었다면, 이는 심리적 압박에 반응하는 습관이 굳어진 결과이며, 관리와 훈련으로 충분히 바꿀 수 있다.

왜 문제인가?

사람은 상대의 말을 이해하기 전에, 먼저 몸이 보내는 신호를 읽는다. 발을 흔들거나 손을 입 주변으로 가져가는 반복적인 움직임은 의도와 무관하게 불안, 초조, 자기 통제의 약화로 해석되기 쉽다. 이 신호가 지속되면 말의 내용보다 몸짓이 먼저 기억된다.

손과 발을 안정시키는 습관은 단순한 예절이 아니다. 그것은 감정을 스스로 다스릴 수 있다는 신호이며, 책임 있는 상황에서도 중심을 유지할 수 있다는 성숙함의 표현이다.

제2장

나는 돈(Money)입니다

말버릇과 반응은 생각의 깊이를 드러낸다
-언어 습관이 신뢰와 품격을 가르는 기준-

　　말은 단순한 소리가 아니다. 생각이 밖으로 드러나는 방식이고 관계가 움직이는 규칙이다. 같은 내용이라도 어조와 속도, 단어 선택에 따라 사람은 전혀 다르게 인식된다. 그래서 말버릇은 습관이면서 동시에 평판이 된다.

말이 빠르면 상대는 당신을 조급하고 거친 사람으로 받아들이기 쉽고, 목소리가 크면 설득이 아니라 압박으로 들린다. 사소한 일에 화가 먼저 나오면 불안한 사람으로 여겨진다.

또 욕설과 비방은 순간의 통쾌함을 줄지 몰라도 신뢰를 빠르게 소진시킨다. 말은 밖으로 나간 만큼 같은 무게의 내 이미지로 남기 때문이다.

이 장은 '모범적인 말'의 교과서를 만들려는 것이 아니다. 우리는 어떤 말이 관계를 무너뜨리는지 이미 알고 있다. 다만 그 사실을 매일의 대화 속에서 자주 잊을 뿐이다.

여기서 다루는 것은 화술이 아니라 태도다. 말이 바뀌면 관계의 분위기가 바뀌고, 그 분위기는 습관이 되어 삶의 흐름을 바꾼다.

빠른 말과 탁한 발음이 주는 인상

말 한마디만 들어도 그 사람의 태도와 성향을 어느 정도 짐작할 수 있다. 말이 빠르면 초조함이나 성급함이 묻어날 수 있고 때로는 감정의 기복이 큰 사람처럼 보이기도 한다. 말을 빠르게 하는 사람 중에는 상황 판단이 기민하고 두뇌 회전이 비상한 경우도 있다. 다만 속도가 과해지면 표현이 거칠어지거나 실수로 이어지면서 신뢰를 잃기도 한다.

목소리는 단순한 소리가 아니라 내면의 상태와 태도가 묻어나는 인상의 일부다. 그래서 말의 내용보다 목소리의 톤과 질감, 발성의 안정감을 더 중요하게 여기기도 한다.

특히 웃을 때는 긴장이 풀리면서 평소보다 본성이 드러나기 쉬우니 웃음소리가 과하지 않도록 조심할 필요가 있다.

영화『시애틀의 잠 못 이루는 밤』에서 아들 '조나'가 아빠의 상대를 두고 "웃음이 하이에나 같아서 싫어요."라고 말하는 장면이 나오는데, 그만큼 소리의 인상은 강하게 남는다.

『시애틀의
잠 못 이루는 밤』.
'톰 행크스' &
'멕 라이언'
주연, 1993년

빠른 말 때문에 오해받은 영업팀장

제약회사의 영업팀장 P 씨는 제품 설명회나 중요한 미팅에서 핵심 내용을 빠르고 간결하게 전달하려 했다. 그러나 말의 속도가 지나치게 빨라 듣는 사람이 내용을 따라가기 어려웠다. 발음도 또렷하지 않은 편이었고, 상대가 질문할 틈을 주지 않은 채 연설하듯 말을 이어가는 경향도 있었다.

이런 화법은 팀원들 사이에서 **"팀장님과 대화하면 어딘가 초조해 보인다.", "다혈질처럼 느껴져 편하게 다가가기 어렵다."** 라는 반응을 낳았다. 클라이언트들 역시 빠르고 거친 말투에서 배려 부족을 느끼는 경우가 많았다. P 씨는 성심껏 정보를 전달하려 했지만, 속도 조절에 실패하면서 메시지의 전달보다 불안감이 먼저 전달되었다.

75

목소리 하나로 달라진 평가

대학에서 연구 성과가 뛰어난 최 교수는 학회 발표와 강연 요청이 잦았다. 그러나 지식과 내용은 탄탄했지만, 목소리가 탁하고 갈라지는 편이었고 말투도 높낮이 변화가 적어 단조롭게 들렸다. 여기에 퉁명스러운 어조까지 더해지면서 의도와 달리 거만함으로 오해받을 소지도 있었다.

강연이 끝난 뒤, 청중은 "목소리 때문에 집중이 어려웠다."는 피드백을 남겼다. 전달 방식이 지적 깊이를 충분히 살리지 못하면서 실제보다 낮은 평가로 연결되었다.

필자의 고등학교 동창 중에는 목소리가 맑고 우렁차 학생회 간부를 맡았던 친구가 있다. 그의 별명은 목소리가 자동차 경적처럼 크다고 해서 '빵빵이'로 불렸다. 졸업 후 다시 만났을 때, 그는 사업에서도 큰 성과를 냈고 목소리처럼 태도도 시원시원해 친구들의 신뢰와 호감을 얻고 있다.

목소리는 내면의 기운이 뭉친 결과로, 그 사람의 태도와 자신감이 밖으로 드러나는 신호다.

나를 점검해 보기

☐ 말이 빠르다는 말을 자주 듣는다.

☐ 발음이 뭉개지거나 말끝이 흐려지는 편이다.

☐ 상대가 끼어들 틈 없이 한 번에 길게 말하는 경우가 많다.

☐ 목소리가 탁하거나 단조롭고 말에 높낮이가 거의 없다.

☐ 긴장하면 목소리가 커지거나 말이 더 빨라진다.

▶ 하나라도 체크되었다면, 성격 탓으로 돌리기보다 속도와 호흡, 발성을 조절하는 연습이 필요하다.

왜 문제인가?

사람은 말의 내용보다 먼저 말하는 방식으로 상대를 판단한다. 말이 지나치게 빠르거나 발음이 탁하면 전달하려는 의도와 달리 초조함, 성급함, 여유 부족으로 해석되기 쉽다. 이는 실제 성격이나 능력과 무관하게 듣는 이에게 불안한 인상을 남긴다.

말은 재능이라기보다 훈련에 가깝다. 말은 조금 더 천천히, 호흡은 길게, 목소리는 가볍지 않게 정돈하는 것이 좋다. 편안한 말투와 안정된 발성은 말의 설득력을 높이고 상대에게 차분한 인상을 남긴다.

큰 목소리 · 과한 말수

공공장소에서 목소리를 크게 높이는 습관은 의도와 달리 타인에 대한 배려 부족으로 보이기 쉽다. 때로는 '큰 목소리=자신감'이라고 착각하기도 하지만, 실제로는 불필요한 마찰과 불편을 키워 관계를 긴장시키게 한다.

식당이나 열차, 카페 같은 공간에서 큰 소리로 대화하면 주변의 눈총과 항의를 받기 쉽다. 또 수다스럽게 말이 많으면 듣는 사람을 피곤하게 하고 "함께 있기 부담스럽다."는 인상을 남길 수 있다.

"세 치 혀가 사람 잡는다."는 말처럼 말이 많을수록 실수와 오해도 늘어난다. 오히려 한 박자 멈추고 경청하는 태도가 품격과 신뢰를 만든다.

공공장소에서 큰 목소리 때문에 손해 본 사례

중소기업 직원 H 씨는 활달한 성격으로 회식 자리에서 분위기를 주도하곤 했다. 처음에는 활기 있는 사람으로 받아들여졌지만, 문제는 식당 같은 공공장소에서도 목소리 조절이 잘 안된다는 점이다. 그와 함께 있으면 주변 테이블의 시선이 쏠아지고 일부는 자리를 옮기기도 했다.

그러자 동료들 사이에서는 "같이 있으면 괜히 눈치가 보인다.", "다른 손님에게 미안해 불편하다."라는 말이 나올 정도였다. H 씨는 호방함의 표현이라 생각했지만, 결과적으로는 배려 부족과 자기중심적이라는 인상만 남겼다.

목소리가
크다고 존재감도
커지는 것은
아니다.

연예인 지망생 찬호 씨는 카페나 길거리에서도 목소리를 크게 높이며, 사람들의 시선을 끄는 것을 좋아했다. 잘생긴 외모와 자신감을 은연중 과시하고 싶었던 것이다.

어느 날 연예기획사 미팅을 마친 뒤, 친구들과 카페에 들른 그는 마치 이미 결과가 정해진 듯 "다음 주 오디션은 무조건 합격이다."라며 과장 섞인 말을 큰 소리로 늘어놓았다. 그의 말은 주변 테이블까지 그대로 들렸다. 공교롭게도 같은 공간에 업계 관계자가 앉아 있었고, 그는 찬호 씨의 말투와 태도에서 경솔한 인상을 받았다.

며칠 뒤 오디션장에서 다시 마주쳤을 때, 그 인상은 평가에 불리하게 작용했음은 물론이다. 재능과 별개로 공공장소에서의 말투와 태도가 기회를 막을 수 있음을 보여준다.

큰 목소리만큼 허풍 센 친구

유난스럽게 목소리가 크고 말도 많아 호방한 척하는 사람이 있다. 친구들은 "기차 화통을 삶아 먹었냐? 왜 이렇게 시끄럽냐." 라고 말하기도 했다. 친구들은 그와 거리를 두려고 했는데, 큰 목소리가 부담스러웠던 것이다.

대개 이런 사람은 허풍이 세고 실속이 없는 사람으로 보이기 쉽다. 그가 포커를 칠 때면 낮은 패를 쥐고도 블러핑(Bluffing)을 자주 시도했는데, 주변에서는 이미 그 플레이 성향을 알고 있어 거의 효과를 보지 못했다.

한편, 말이 많은 사람은 시도 때도 없이 끼어들려 한다. 자신은 유식한 것처럼 끼어들지만, 그것을 들어주는 사람은 곤욕스럽

나는 돈(Money)입니다

다. 빨리 그 순간을 모면하고 싶어 자리를 뜨거나 일부러 다른 사람과 대화를 한다.

물은 깊을수록 소리가 없고 얕은 물은 요란한 법이다. 떠들며 말이 많아 봐야 자신의 내면적 깊이가 없음을 드러내는 것과 마찬가지다.

나를 점검해 보기

☐ 대화가 끝난 뒤 자신의 말이 많았다고 후회한 적이 있다.

☐ 공공장소에서 목소리가 크다는 지적을 받은 적이 있다

☐ 조용한 공간에서도 말의 볼륨이 쉽게 올라간다.

☐ 상대가 대화 도중에 말을 줄이거나 자리를 피한 경험이 있다.

☐ 식사 소리(후루룩/쩝쩝)나 통화 소음에 둔감한 편이다.

▶ 하나라도 체크되었다면, 성격 탓으로 돌리기보다 목소리와 말수를 조절하는 습관이 필요하다.

왜 문제인가?

공공장소에서의 큰 목소리와 과한 말수는 의도와 달리 타인의 공간을 침범하는 행동으로 해석되기 쉽다. 이런 습관이 반복되면 '함께 있으면 피곤한 사람'으로 분류하고 자연스럽게 거리를 두게 된다.

또 말이 많을수록 실수와 과장은 늘고, 신뢰는 그만큼 더 빨리 소모된

다. 반대로 말수를 줄이고 목소리를 낮추면 상대는 편안함과 안정감

을 느낀다.

결국 관계는 말로 확장되기보다, 절제된 태도에서 오래 유지된다.

욕설과 거친 표현의 말투

욕설을 친근함이나 터프함의 표현으로 착각하는 사람이 있다. 그러나 듣는 사람에게 욕설은 무례함과 낮은 자기 통제력으로 먼저 읽힌다.

의도가 어떻든 언어가 거칠어지면 사회적 신뢰가 깎이고 중요한 관계일수록 거리가 생기기 쉽다. 비속어가 섞인 대화는 본인에게는 가벼운 말버릇일지 몰라도 타인에게는 함께하기 불편한 사람이라는 신호가 된다.

말은 우리의 인격을 비추는 거울이다. 내가 반복해 내뱉는 언어의 수준은 시간이 지나 결국 나의 평판이 된다.

욕을 솔직하고 친근함의 표현이라 생각한 사람

광현 씨는 활발하고 친화력 있는 사람이었다. 사석에서는 유머러스한 면도 있었다. 다만 한 가지 문제가 있었는데, 욕설이 습관처럼 붙어 있었다. 그는 대화의 앞뒤에 별 의미 없이 거친 비

속어를 추임새처럼 섞었고 농담을 할 때는 수위 높은 표현이
튀어나오곤 했다. 본인은 이것이 솔직함이나 친근함의 표현이
라고 여겼다.

입이 거칠면
인생도
거칠어진다.

처음에는 주변 사람들이 "원래 저런 말버릇인가 보다."하고 넘
어갔다. 그러나 거친 말이 반복되자 지인들은 그를 가족 모임
이나 공식적인 자리에는 부르기를 꺼렸다.
"아이들 앞에서도 저럴까 봐 걱정되네."
"감정 조절이 안 되는 사람처럼 보여."
이런 평가가 쌓이면서 광현 씨는 대화의 기회와 관계의 폭을
점점 잃어 갔다.

　비슷한 사례로, 친구들 모임에서도 말이 거친 사람이 있다.
술이 들어가면 표현이 더 거칠어졌고 사소한 의견 충돌에도 욕

설이 섞이곤 했다. 주변 사람들은 분위기가 깨지는 것을 넘어 갈등이 커질까 불안해졌다.

그러자 모임에서는 "앞으로 그 친구는 부르지 말자."라는 말이 오갈 정도가 됐다. 그는 "나는 솔직하고 뒤끝 없는 사람"이라며 스스로 합리화했지만, 한 번 마음이 떠난 관계를 되돌리기는 쉽지 않았다.

거친 말이 쌓아 올린 것은 친근함이 아니라 거리감이었다.

운동팀 코치의 언어폭력

과거에는 운동선수들이 코치진으로부터 거친 욕설을 듣는 일이 적지 않았다. 그러나 많은 경우 그것은 동기 부여가 아니라 위축과 반발, 팀 분위기 악화로 이어졌다. 실제로 감독이나 코치의 언어폭력이 반복되면 선수들은 지도를 받는다기보다, 호된 야단을 맞는다고 느끼기 쉽다.

한 선수가 이런 취지로 말한 적이 있다. "욕을 하는 사람은 아니라고 해도, 듣는 사람이 불편하게 느끼면 폭력이 됩니다."

"칭찬은 고래도 춤추게 한다."는 말처럼 욕설보다 따뜻한 격려의 한마디가 상대의 마음을 얻을 수 있다.

품격 있는 사람이 되고 싶다면 품격 있는 말을 하자.

말의 향기가 곧 그 사람의 품격이 된다.

나를 점검해 보기

☐ 친한 사람 앞에서 욕설을 추임새처럼 쓰는 편이다.

☐ 술이 들어가면 말이 더 거칠어지고 수위가 올라간다.

☐ 농담할 때도 비속어가 섞여야 자연스럽다고 느낀다.

☐ 회사나 공공장소에서도 무심코 비속어가 튀어나온 적이 있다.

☐ 말이 거칠다는 지적을 들어도 금방 잊고 반복한다.

▶ 하나라도 체크되었다면, 성격을 탓하기보다 말을 순화하는 연습부터 시작해 보자.

왜 문제인가?

욕설과 거친 표현은 의도와 달리, 감정 조절이 미숙하고 배려가 부족한 태도로 해석되기 쉽다. 이런 말투가 반복되면 상대는 그 사람을 경계하게 되고 관계는 서서히 멀어진다. 특히 친밀한 관계일수록 언어의 영향은 더 크게 작용한다. 가볍게 던진 한마디가 상대에게는 모욕이나 위협으로 남을 수 있다.

따라서 말을 부드럽게 하는 것은 예의의 문제뿐 아니라 신뢰와 품격을 지키는 최소한의 자기관리다.

사소한 일에 과민 반응

친구나 부부관계에서 대화 중 사소한 것에 꼬투리를 잡고 화를 내는 경우가 있다. 상대는 그 감정을 쉽게 잊지 못하고 다음부터는 말을 아끼게 되며, 대화는 점점 조심스러운 침묵으로 바뀐다.

잠깐만 참고 넘어가면 될 일을 크게 키우면서 사이는 서서히 멀어진다. 감정이 앞선 반응은 순간의 승리처럼 느껴질 수 있지만, 남는 것은 상처와 거리감이다.

요즘은 운전 중에 사소한 일에 경적을 울리며 화를 내는 경우가 많다. 그로 인해 보복 운전으로 이어져 시비로 번지는 일이 잦다. 잠시 양보하면 될 일을 가지고 문제를 키워 더 큰 사고로 이어지곤 한다.

경적을 울린 사람이나, 보복 운전을 한 사람이나 잠깐의 화를 참지 못해 위험을 키운 셈이다. 운전은 감정을 풀어내는 공간이 아니라 안전을 관리하는 자리라는 사실을 잊어서는 안 된다.

감정폭발은
순간이지만,
상처는
오래 남는다.

사소한 말다툼으로 멀어진 친구 사이

대학교 동기인 현수와 준호는 10년 지기 절친이었다. 현수는 정이 많고 착한 편이었지만, 사소한 말이나 농담에도 쉽게 삐치는 성격이었다.

어느 날 친구들과 모인 자리에서 준호가 현수의 지난 연애 이야기를 가볍게 언급하며 농담을 던졌다. 다른 친구들은 웃고 넘겼지만, 현수는 순간 얼굴이 붉어지며 "왜 남의 사생활을 들추고 그래?"라고 격앙된 목소리로 화를 냈다. 준호는 당황해 농담이었다며 사과했지만, 현수는 감정을 쉽게 가라앉히지 못했고 말꼬리를 잡아가며 비난을 이어갔다.

그날 이후 준호는 현수를 만날 때마다 말을 더 조심하게 됐다. 무슨 말을 해도 "또 화를 내지는 않을까?" 걱정이 앞서 진솔한 대화는 물론 장난스러운 농담조차 꺼내지 않게 된 것이다.

다른 친구들도 눈치를 보며 거리를 두기 시작했고, 현수는 어느새 모임에서 점점 소외감을 느끼게 되었다.

작은 불만이 갈등을 키운 부부

어느 부부의 사례다. 신혼 초에는 사소한 일도 터놓고 이야기하며 사이가 좋았다. 그러나 시간이 지나면서 아내는 남편의 작은 실수나 생활 습관에 화를 내는 일이 잦았다.

남편이 설거지 중 물을 튀기거나, 거실에 양말을 벗어두는 정도의 일에도 "당신은 항상 그래. 하나도 제대로 하는 게 없어." 라며 언성을 높였다. 반복되는 불만은 공격적으로 들렸고 남편은 점점 위축되기 시작했다.

남편은 처음엔 이해하려 노력했지만, 사소한 일마다 비난과 화가 반복되자 지쳐만 갔다. "어차피 뭘 해도 혼난다."는 체념이 생기면서 그는 자신의 생각이나 감정은 물론 작은 불편함조차 말하지 않게 되었다. 그러면서 아내와 다투기 싫어 밖에서 술을 마시고 들어오는 일이 차츰 늘게 되었고, 아내는 아내대로 짜증이 심해지는 악순환이 이어졌다.

아내는 남편이 대화를 회피한다고 느꼈지만, 정작 그 침묵이 자신의 반복된 화냄에서 비롯되었다는 점은 자각하지 못했다.

아내는 화를 낸 뒤 후회하기도 했지만, 말 한마디로 시작된 작은 갈등이 누적되면서 상처의 골이 깊어지고 말았다.

나를 점검해 보기

☐ "내가 틀린 게 아닌데 왜 참아?"라는 생각이 자주 든다.

☐ 화가 나면 설명보다 따지는 것이 먼저다.

☐ 짜증을 내고 나서도 "상대가 문제였다."고 정당화하는 편이다.

☐ 대화가 끝난 뒤 "내가 너무 예민했나?" 후회한 적이 있다.

☐ 운전 중 경적/짜증/욕설이 쉽게 튀어나온다.

▶ 하나라도 체크되었다면, 지금 필요한 것은 옳고 그름의 판단이 아니라 반응을 늦추는 연습이다.

왜 문제인가?

사소한 일에 과민하게 반응하는 습관은 대화 앞에 보이지 않는 벽을 세우는 것과 마찬가지다. 감정이 자주 폭발하면 상대는 옳고 그름을 떠나 상처받지 않기 위해 말을 아끼는 쪽을 택한다.

옛말에 "한때의 분노를 참으면 백날의 근심을 면한다."고 했다.

상대의 말에 즉각 응대하지 말고 심호흡을 하며 한 번 더 생각해 보자. 반응을 한 박자 늦추면 불필요한 충돌을 줄이고 관계를 안전하게 지킬 수 있다.

대화 중 상대 말 끊는 버릇

대화 중 상대의 말을 끊으며 "그게 아니고…"로 시작하는 사람은 의도와 상관없이 상대를 무시하는 인상을 주기 쉽다. 사실관계를 바로잡는 것이 목적이라 해도 대화의 목표는 '정답 맞히기'가 아니다.

서로의 관점과 경험이 다른데, 말이 끊기는 순간 상대는 "존중받지 못한다."고 느끼기 쉽다.

또 한 가지 문제는 대화의 흐름이다. 말을 끊으면 상대의 생각이 중간에서 꺾이고, 핵심을 정리해 말할 기회가 사라진다. 그 결과 대화는 방어적으로 굳어지고, 상대는 설명을 줄이거나 아예 입을 닫게 된다.

대화는 배려의 리듬이다. 끝까지 듣고 한 박자 늦게 답하면 존중이 전달되고 관계는 더 끈끈해진다. 반대로 말을 끊는 습관이 반복되면, 지식이 아니라 태도로 평가받아 협업과 관계에서 손해로 이어질 수 있다.

대화에서
중요한 건
정답이 아니라
태도다.

대화 중 말을 끊는 버릇으로 관계가 약해진 팀장

강 팀장은 회사 내에서 업무 능력은 뛰어난 편으로 인정받았다. 다만 대화 습관이 약점이었다. 누군가 아이디어를 제시하거나 의견을 말하면, 그는 상대의 말이 채 끝나기도 전에 "잠깐만요. 내 말 좀 들어봐요."라며 말을 끊는 일이 잦았다.

상급자였던 탓에 팀원들은 겉으로는 맞장구를 쳤지만, 마음속에는 불신과 불편함이 조금씩 쌓여갔다. 회의는 점점 팀장의 지시와 설명 중심으로 흘렀고, 팀원들은 "말해도 어차피 끊긴다."라는 경험이 반복되면서 의견 내는 것을 줄이게 되었다.

시간이 지나자 그는 역량과 별개로 관계의 지지를 충분히 얻지 못해 중요한 기회를 놓치게 되었고 이후 조직을 옮기게 되었다.

그는 똑똑한 사람이었지만, 많은 이들에게는 대화가 불편한 사람으로 더 오래 기억되었다.

"그게 아니고…"로 말을 끊던 친구

최 실장은 아는 것이 많아 대화에서 늘 자신감이 있었다. 문제는 상대의 말을 끝까지 듣기 전에 "그게 아니고…"라며 끊어 들어가는 버릇이었다. 가까운 친구는 원래 그런 스타일이라며 이해하려 했지만, 비슷한 경험이 반복되면서 점점 피로감을 느끼게 됐다.

어느 날 친구가 지인과 함께 최 실장을 만난 자리에서도 비슷한 일이 있었다. 친구가 자신의 경험을 이야기하자 그는 말을 끊으며 "그건 네가 잘못 알고 있는 거야."라고 단정적으로 말했다. 친구는 지인 앞에서 무안함을 느꼈고 결국 쌓였던 감정이 터져 "네가 잘나면 얼마나 잘났다고 그래?"라고 말한 뒤 자리를 박차고 나가 버렸다.

그날 이후 두 사람의 관계는 급격히 멀어졌다. 20년 가까이 이어져 온 우정이 한순간에 흔들릴 만큼 충격이 컸다. 다른 친구들도 최 실장의 대화 습관이 불편하다고 느끼며, 만남의 횟수를 줄여 갔다.

대화에서 존중이 빠지면 관계는 쉽게 멀어질 수 있다는 점을 보여준다.

나를 점검해 보기

☐ 상대 이야기를 듣다가 "아니, 그게 아니라…"가 먼저 나온다.

☐ 회의에서 상대 말이 끝나기 전에 "잠깐만요."를 자주 말한다.

☐ 설명을 끝까지 듣기 전에 상대의 의도를 단정해 버리는 편이다.

☐ 대화 뒤 "말이 안 통한다."는 말을 들은 적이 있다.

☐ 가까운 사이일수록 말 끊는 버릇이 더 자주 나온다.

▶ 하나라도 체크되었다면, 말하기보다 듣는 방식을 점검할 필요가 있다.

왜 문제인가?

대화 중 말을 끊는 습관은 내용의 옳고 그름을 떠나 상대에게 상처를 남기기 쉽다. 이것이 반복되면 팀에서는 의견이 사라지고, 관계에서는 마음이 닫히며 신뢰가 약해진다.

결국 말을 끊는 행동은 똑똑함이 아니라 잘난 척으로 비치기 쉬워 사람들을 멀어지게 만든다.

대화는 승부가 아니라 합을 맞추는 호흡이다. 끝까지 듣고 한 박자 늦춰 답하는 태도는 존중의 신호가 되어 관계와 신뢰를 오래 지탱한다.

나는 돈(Money)입니다

쓸데없는 참견과 훈수

참견이 잦은 사람은 대개 도와주는 것으로 생각한다. 하지만 요청받지 않은 조언은 상대에게 간섭과 오지랖으로 들리기 쉽다. 특히 상대의 상황과 맥락을 충분히 듣기 전에 결론부터 말하면 선의가 있어도 불쾌감이 남는다.

회의할 때도 상대의 말을 끊고 장황하게 지적하는 사람이 있다. 상대는 자신의 생각을 무시하는 것 같아 기분이 상한다. 조언도 정도껏 해야 고마운 법이다.

술자리에서 참견이 늘어나는 사람도 있다. 본인은 분위기를 살린다고 생각할지 모르지만, 듣는 사람 모두에게 피로감을 주고 결국 술주정으로 인식된다.

부모와 자식 사이에서도 참견이 잦으면 반발심이 커지게 된다. 훈육이 장기적으로 성장을 돕기 위한 취지라면, 간섭은 자율성을 침해할 우려가 있다. 같은 말이라도 어떻게 하느냐에 따라 훈육이 될 수 있고, 참견이 될 수도 있다.

조언도 선을
넘으면 참견이다.

하지만 남의 어려움에 솔선수범 나서는 것은 복을 짓는 의로움이니, 간섭과 도움은 한 끗 차이다.

불필요한 조언으로 관계를 멀어지게 한 총무과장

어느 중소기업의 총무과장은 후배들이 어떤 일을 할 때마다 곁에서 조언을 아끼지 않았는데, 문제는 조언의 방식이었다.

예를 들어, 같은 부서의 직원이 보고서를 작성하고 있을 때, 그가 요청하지도 않았는데 다가와서 "박 대리! 그렇게 하면 안 돼. 어차피 나중에 다 고칠 거, 처음부터 내 말대로 하는 게 좋을 거야."라며 완성 단계에 있는 보고서를 이리저리 수정 지시했다.

박 대리는 과장의 의도가 선하더라도 일방적으로 자기 방식이

옳다는 태도로 말하는 것에 불편함을 느꼈다. 상사로서 자신을 얕보는 것 같다는 생각도 들었고, "넌 아직 부족해."라는 메시지로 받아들여졌다.

이런 상황이 반복되면서 박 대리는 과장에게 업무 진행 상황을 공유하거나 조언을 구하는 것을 꺼리게 되었다. 다른 직원들도 과장의 개입을 부담스러워하며 형식적으로만 반응했다.

총무과장은 후배들을 위한다고 생각했지만, 불필요한 참견이 많아지면서 오히려 직원들과의 사이만 멀어지고 말았다.

참견이 아니라 진심으로 조언한 상사

영업부 최 과장은 평소 과묵하고 자신의 일에만 집중하는 편이었다.

어느 날 최 과장은 신입사원이 다음 주 월요일까지 제출해야 할 보고서 때문에 늦게까지 사무실에서 야근하는 것을 보았다. 신입은 자료 분석과 그래프 작성에 애를 먹으며 힘들어하는 기색이 역력했다.

최 과장은 그가 도움을 요청하지 않았음에도 불구하고 퇴근길에 다가가 조용히 물어보았다.

"혹시 보고서 작업에 내가 도와줄 부분이 있을까? 내가 예전에 비슷한 분석을 해본 경험이 있는데, 필요한 데이터나 그래프

97

시각화에 어려움이 있다면 얼마든지 이야기해.”

신입은 순간 너무나 고마웠다. 최 과장의 말은 지시나 참견이 아닌 진심 어린 도움으로 느껴졌기 때문이다. 최 과장은 그의 업무를 대신 해주기보다 어려운 부분에 대한 효율적인 분석과 적절한 그래프 사용법을 알려주면서, 그가 스스로 문제를 해결할 수 있도록 멘토링해 주었다.

이후 그는 최 과장을 진심으로 존경하며 따르게 되었고, 어려울 때 기댈 수 있는 멘토로 인정하게 되었다.

간섭과 도움의 차이가 말의 톤, 상대 존중, 선택권 부여에서 갈린다는 점을 보여준다.

나를 점검해 보기

☐ 상대가 끝까지 말하기 전에 해결책부터 말하는 편이다.

☐ “너를 위해서야”라는 말을 자주 꺼낸다.

☐ 요청받지 않았는데도 수정이나 지적을 먼저 하는 경우가 잦다.

☐ 조언할 때, 상대의 사정을 충분히 묻기 전에 내 경험을 기준으로 판단하는 경우가 있다.

☐ 내 조언 뒤에 상대의 말수가 줄어든 느낌을 받은 적이 있다.

▶ 하나라도 체크되었다면, 선의라 할지라도 조언하기 전에 먼저 물어보고 말하는 것이 좋다.

왜 문제인가?

요청하지 않은 참견은 선의와 무관하게 간섭이나 통제로 받아들여지기 쉽다. 이런 경험이 반복되면 상대는 자신의 판단과 능력이 부정당한다고 느끼고 불편한 감정을 가질 수 있다.

특히 훈수는 조언처럼 보이지만, 자칫 우위에 서려는 태도로 읽혀 자존감에 상처를 줄 수 있다.

참견과 훈수, 도움의 기준은 단순하다.

먼저 묻고, 동의를 얻고, 결정은 상대에게 남기는 것이다.

남을 비방하고 헐뜯는 습관

SNS나 온라인 공간에서는 익명성과 거리감 때문에 말과 글이 쉽게 거칠어진다. 그러나 남을 평가하고 흉보는 말이 반복될수록 상대보다 내 신뢰가 먼저 손상된다.

비난은 잠깐의 통쾌함을 줄 수 있지만, 주변에는 입과 말이 가벼운 사람이라는 인상만 남기게 된다.

어느 공동체에서도 비슷한 사례가 있었다. 한 회원은 비판을 넘어 타인을 깎아내리는 말이 잦았다. 시간이 갈수록 사람들은 그와 조용히 거리를 두기 시작했고, 어느 자리에서도 초대받지 못하면서 기회가 크게 좁아졌다. 본인은 온라인에서는 익명이라고 생각했지만, 결국 글의 습관이 그를 드러낸 것이다.

비난이 습관이 되면 평판 역시 그 방향으로 굳어지게 마련이다. 그리고 그 평판은 생각보다 차갑고 오래 남는다.

남을 깎아내리는 말은, 나도 같이 깎인다.

독설이 부메랑이 되어 돌아온 사례

어느 단체의 온라인 공간에서 있었던 일이다. 운영자는 홈페이지를 만들어 활발하게 운영하고 있었고 게시글은 닉네임으로 작성되는 구조라 글쓴이의 신원을 알기는 어려웠다.

그중 K 씨는 그 공간에서 특정인을 향해 독설과 비방을 반복했다. 상대를 깎아내리면 자신의 존재감이 커진다고 생각한 것이다. 그러나 규모가 크지 않은 단체에서는 말투와 맥락만으로도 작성자를 짐작하기 쉬워, 시간이 지나자 K 씨 정체는 사실상 드러나기 시작했다.

이후 게시판은 특정인이 글을 올리면 K 씨가 비방하고, 다시 다른 회원들이 K 씨를 비난하는 일이 되풀이되었다.

그 무렵 K 씨는 자신이 진행하는 공개 시연이 있으니 누구나 참석해도 좋다는 안내 글을 올렸다. 날짜와 장소를 알리며 "배울 것이 많다."는 식으로 홍보했고 시연 당일에는 전국 각지에서 약 20명이 모였다. 그러나 기대와 달리 시연은 기대에 크게 미치지 못했고 현장 분위기도 차갑게 식었다. 섣부른 자신감이 상황을 더 어렵게 만든 것이다.

며칠 뒤 홈페이지에는 그의 시연 장면이 고스란히 올라왔다. 참석자 중 한 명이 익명으로 올린 것으로 게시글은 온라인을 타고 빠르게 확산되었다.

K 씨는 자신을 합리화하기 위해 날씨가 좋지 않아 컨디션이 나빴다는 등 변명했지만, 한 번 인심을 잃은 평판은 되돌리기 쉽지 않았다.

특정인에 대한 시기심에서 시작된 작은 댓글이 더 큰 부메랑이 되어 돌아온 것이다.

동료를 깎아내리다 스스로 고립된 교수

비교적 이른 나이에 성과를 낸 한 교수는 자부심이 컸다. 그러나 그 자부심이 타인을 존중하는 태도로 이어지지는 못했다. 학회와 세미나에서 그는 비판을 넘어 상대를 깎아내리는 표현을 자주 사용했다. 처음에는 "직설적이다." 정도로 넘어갔지만, 시간이 지나자 사람들은 그와의 대화를 피하기 시작했고, 원로

나는 돈(Money)입니다

교수들조차 독선적인 태도에 불편함을 표했다.

차츰 주변 사람들은 그를 멀리하기 시작했고 연구 프로젝트나 학술대회, 심사·추천 등의 자리에서 그의 이름은 점점 사라졌다.

본인은 "자신을 시기해서 그렇다."고 생각했지만, 실제로는 함께하기 어려운 사람이라는 인식이 누적된 것이다. 결국 그는 연구실적과 별개로 인성 리스크가 커져 학계에서 고립되는 상황에 이르렀다.

남을 낮춘 말은 결국 나까지 낮추고 말았다.

나를 점검해 보기

☐ 온라인에서 남의 성과나 평판을 깎아내리는 댓글을 단 적이 있다.

☐ 익명이라 표현 수위를 낮추지 않아도 된다고 느낀다.

☐ "팩트다.", "비판일 뿐"이라며, 거친 말을 정당화한 적이 있다.

☐ 특정 인물의 글이나 소식이 올라오면 반사적으로 흠부터 찾는다.

☐ 내 평가가 상대에게 어떤 영향을 줄지 깊이 생각하지 않는다.

▶ 하나라도 체크되었다면, 의견의 문제가 아니라 표현 방식과 감정 관리의 문제일 수 있다.

왜 문제인가?

남을 비방하고 헐뜯는 말은 익명이라 해도 말투와 맥락이 남는다. 그리고 그 흔적은 언젠가 나의 평가로 고스란히 되돌아온다.

비난으로 얻는 것은 잠깐의 카타르시스뿐이다. 그 대가로 주변에는 경계와 냉소가 쌓이고 한 번 금이 간 신뢰는 쉽게 메워지지 않는다.

사람들은 말의 옳고 그름보다 그 말을 통해 드러난 태도와 품성을 더 오래 기억한다.

반대로 격려의 언어를 쓰면 분위기는 한층 부드러워지고 소통의 폭도 넓어진다.

나는 돈(Money)입니다

표정이 굳고 까칠한 태도

웃음에 인색하고 까칠한 태도는 대화의 온도를 빠르게 떨어뜨린다. 상대의 말에 무표정하게 반응하고 꼬투리를 먼저 찾는 사람은 의도와 상관없이 "이 사람과는 마음 놓고 말하기 어렵다."는 신호가 된다. 그러면 사람들은 의견을 내기보다 말을 아끼게 되고, 대화와 교류의 폭도 자연스럽게 좁아진다.

반대로 표정과 톤이 한결 부드러우면 상대의 방어심이 낮아진다. 반응이 따뜻할수록 대화는 길어지고 관계는 그 안에서 깊어진다.

대화의 설득력은 내용만으로 쌓이지 않는다. 표정과 반응이 먼저 안전한 분위기를 만들고 그 위에 말의 힘이 올라간다.

까칠함 때문에 기회가 줄어든 사례

어느 포럼에서 있었던 일이다. 발표자가 오탈자를 알아차리지 못한 채 넘어가자 한 참석자가 날카롭게 지적하며 상대를 무안하게 했다. 지적 내용은 맞지만, 표현과 방식은 훨씬 유연할 수 있었다.

그는 스스로 정답을 맞힌 사람처럼 우쭐했지만, 대부분의 참석자에게는 쓸데없이 까칠한 사람으로 더 오래 기억되었다. 그 자리에서 필요한 것은 꼬투리를 잡는 말이 아니라 실수를 품어주는 배려였다.

굳은 표정은
말보다 먼저
거리감을 만든다.

중소기업 영업팀의 박 과장은 추진력과 카리스마는 있었지만, 평소 무표정하고 날 선 말투로 대화를 주도했다. 팀원이 아이디어를 내면 보완점 제시보다 "그게 말이 되나?"처럼 반박부터 나오는 경우가 잦았고, 동료의 성과에도 긍정적인 피드백이 거의 없었다.

이런 분위기가 반복되자 팀원들은 "말해봐야 스트레스만 받는다."고 생각하게 되면서 회의에서는 의견이 줄고 침묵이 늘었다. 자율적인 토론과 협업이 약해지면서 팀워크도 흔들렸다. 시간이 지나자 상사들은 박 과장의 리더십이 지나치게 경직되었다고 평가했다.

결국 굳은 표정과 까칠한 태도가 누적되면서 역할도 줄어들었다.

말투 때문에 중요한 인맥을 놓친 디자이너

프리랜서 디자이너 정민 씨는 감각과 실력은 뛰어났지만, 클라이언트나 협력사와 소통할 때 까칠한 말투가 드러나는 경우가 잦았다. 자신의 디자인에 대한 신념이 강하다 보니 피드백을 들을 때는 표정이 굳고, 상대의 관점을 충분히 받아들이지 못하는 듯한 인상을 주기도 했다.

어느 날 정민 씨는 네트워킹 모임에서 한 기업의 마케팅 담당자와 프로젝트 이야기를 나누게 되었다. 담당자가 몇 가지 질문을 던지자 정민 씨는 "그건 기술적으로 어렵습니다." "제 방향과는 맞지 않습니다."라고 곧바로 선을 그으며 대화를 짧게 끊었다.

정민 씨는 전문성을 지키는 자신감이라고 생각했지만, 상대에게는 유연성이 낮고 조율이 어려운 사람이라는 신호로 읽혔다.

담당자는 정민 씨의 실력은 인정했지만, 대화 내내 느껴지는 날 선 분위기 때문에 협업 과정이 쉽지 않겠다고 판단했다.

나를 점검해 보기

☐ 상대가 말할 때 무표정하거나 리액션이 거의 없다.

☐ 칭찬보다 "그건 아닌데요/그게 되나요?" 같은 반박이 먼저 나온다.

☐ 지적할 때 사실은 맞아도, 말투가 날카롭다는 말을 자주 듣는다.

☐ 상대의 실수나 부족함을 지적하는 데서 묘한 우월감을 느낄 때가 있다.

☐ 주변에서 "편하게 말하기 어렵다."는 말을 들은 적이 있다.

▶ 하나라도 체크되었다면, 표정과 말투를 먼저 풀어 안전한 대화 분위기부터 만드는 훈련이 필요하다.

왜 문제인가?

사람은 말의 내용보다 먼저 표정과 반응에서 대화가 안전한지를 판단한다. 굳은 표정과 날 선 말투는 "이 사람과 대화하면 긴장된다."는 신호로 읽히기 쉽다. 이런 인상이 반복되면 상대는 자신의 생각을 드러내기보다 실수를 피하려 침묵으로 물러나게 된다.

반대로 작은 미소와 존중을 담은 반응은 심리적 마찰을 낮추고, 대화가 이어질 수 있는 편안한 공간을 만든다. 그런 분위기 위에서 말의 설득력과 신뢰는 자연스럽게 쌓인다.

결국 대화의 기술은 말솜씨가 아니라 안전감을 주는 태도에서 시작
된다.

제3장

관계는 사소한 태도에서 무너진다
-신뢰를 조금씩 깎아먹는 일상 행동들-

관계는 대개 큰 사건 하나로 끝나지 않는다. 아주 작은 태도가 반복되어 균열이 생기고, 그 균열이 어느 날 조용히 단절로 이어진다.

인사 한마디를 아끼는 습관, 약속 시간을 가볍게 여기는 태도, 불평이 먼저 나오는 표정, 상대가 말할 때 시선이 떠도는 버릇. 이런 사소함이 쌓여 관계의 기둥을 약화시킨다.

무뚝뚝한 태도를 "원래 이런 성격이야!"라며 넘기는 사람도 있다. 그러나 성격은 설명이 될 수는 있어도 타인에게 오해를 불러일으키는 행동을 정당화하지는 못한다.

사람을 대할 때 필요한 최소한의 예의는 성격이 아니라 내가 어떤 태도를 선택하느냐의 문제다. 인사는 가장 값싼 투자지만, 효과는 오래 남는다. 반대로 무관심은 비용이 들지 않는 듯 보이지만, 언젠가 반드시 관계의 대가로 돌아온다. 관계의 장부에는 공짜가 없다.

이 장은 인간관계에 대한 거창한 해법을 제시하지 않는다. 대신 독자에게 아주 현실적인 질문을 던진다.

"내가 소중히 여기는 사람들에게 나는 어떤 태도로 기억되고 있는가?"

관계는 마음만으로 유지되지 않는다. 꾸준한 살핌이 있어야 오래가고, 배려는 말이 아니라 행동으로 드러난다.

작은 친절이 쌓이면 분위기가 따뜻해지고, 작은 무례가 쌓이면 사람은 멀어진다.

인사에 인색하고 무뚝뚝한 반응

인사는 관계의 출입문이다. 짧은 한마디라도 먼저 건네는 사람은 상대에게 호감을 준다. 반대로 인사를 미루거나 시선을 피하는 습관은 특별한 의도가 없더라도 거리를 두려는 사람으로 읽히기 쉽다.

관계는 특별한 이벤트로 깊어지기보다 스쳐 지나가는 순간의 누적에서 만들어진다. 한 번의 무뚝뚝함은 넘어갈 수 있어도, 반복되는 무반응은 호감의 온도를 떨어뜨린다. 그래서 인사를 건네지 않는 습관은 사람을 얻을 기회를 놓치게 된다.

옆집 사람을 마주치고도 인사를 건네지 못하거나, 손님을 맞으면서도 무뚝뚝한 사람이 있다. 본인은 별 뜻이 없다고 생각할지 모르지만, 상대는 "나에게 관심이 없다."라고 받아들이기 쉽다. 이런 경험이 반복되면 "굳이 내가 먼저 다가갈 필요가 있을까?" 생각하게 되고 사이는 서서히 멀어진다.

반대로 인사는 가장 값싼 투자다. 돈이 드는 것도 아니고 3초만 내면 된다. 따뜻한 인사와 미소는 상대를 편하게 만들고 동시에 자신의 이미지와 신뢰를 단단하게 만든다.

아파트 엘리베이터에서는 "안녕하세요. ○○○호입니다."

택배 기사에게는 "수고 많으십니다."

식당에서는 "감사합니다. 잘 먹었습니다."

이런 짧은 말 한마디가 분위기를 부드럽게 바꾸고, 작은 긍정이 쌓여 소통의 공기를 달라지게 한다.

먼저 건넨 인사가 만든 따뜻한 공동체

민정 씨는 몇 년 전 40가구 정도의 작은 다세대주택으로 이사를 했다. 가구 수가 얼마 되지 않다 보니 만나는 얼굴이 익숙했다.

민정 씨는 새 환경에서 이웃들과 잘 지내고 싶었지만, 현실은 무관심에 가까웠다. 엘리베이터나 복도에서 마주쳐도 고개만 숙이거나 스마트폰만 들여다보는 모습이 흔했고, 먼저 인사를 건네는 사람은 많지 않았다.

민정 씨는 그 분위기가 아쉬웠다. 그래서 엘리베이터나 계단에서 이웃을 마주칠 때마다 먼저 밝게 "안녕하세요!" 하고 인사했다.

처음엔 힐끗 쳐다보고 무표정하게 지나가거나, 작은 목소리로 짧게 답하는 사람이 대부분이었다. 어떤 이는 "뭔가 부탁할 일이 있나?" 하는 듯한 경계의 표정을 짓기도 했다.

하지만 민정 씨는 개의치 않았다. 3초만 투자해 인사하고 미소 짓는 일을 꾸준히 이어갔다. 시간이 지나자 작은 변화가 일어났다. 옆집 할머니는 처음엔 무심히 지나치던 사람이었지만, 어느 날 "열무김치 담갔는데 가져갈래?" 하며 말을 건넸다.

위층의 초등학생 동건이는 수줍게 답하던 아이였는데, 이제는 먼저 "안녕하세요!" 하고 큰 소리로 인사하는 아이가 됐다. 동건이 엄마는 "아이에게 인사 습관이 생겼다."며 고맙다고 말했다. 이웃들은 그녀를 '스마일 민정 씨'라 부르기 시작했고 그녀의 밝은 태도에 조금씩 마음의 문을 열었다.

그러던 어느 날, 민정 씨가 갑자기 쓰러져 응급실로 실려 가는 일이 생겼다. 소식을 듣고 가장 먼저 달려온 사람은 옆집 할머니였다. "늘 밝게 인사하던 민정 씨가 걱정됐다."며 친딸처럼 위로해 주었다.

회복 후 민정 씨 집 앞에는 이웃들이 챙겨 온 반찬과 죽이 놓였고 동네 엄마들은 필요한 부분을 서로 나눠 도왔다.

민정 씨는 깨달았다. 처음부터 이웃들이 차가운 사람들이었던 것이 아니라 서로 먼저 다가갈 계기가 부족했을 뿐이라는 것을. 결국 민정 씨의 인사는 차가웠던 동네 분위기를 따뜻한 공동체로 바꾸는 작은 마중물이 되었다.

단골손님을 보고도 무표정한 식당

사무실 인근에 자주 가던 식당이 있었다. 음식이 깔끔하고 맛이 좋아 점심을 먹고 때로는 저녁 회식도 하던 곳이다. 자매가 주방에서 음식을 만들고 홀은 자매 중 한 사람의 남편이 맡고 있었다.

그는 무뚝뚝한 성격인지 말수가 적은 것인지 모르겠으나, 손님이 들어와도 "어서 오세요." 같은 인사가 거의 없었다. 묵묵히 물을 가져다주면서 "뭐 드실래요?" 하며 주문만 받았고, 그 태도는 손님 대부분에게 비슷했다.

처음엔 "음식이 맛있으니 괜찮다."라고 넘겼다. 그런데 이런 일이 반복되자 문득 이런 생각이 들었다.

"굳이 이런 분위기에서 식사를 해야 하나?"

그는 가끔 담배를 피우러 식당 밖으로 나오곤 했는데, 어쩌다 마주쳐도 눈인사나 짧은 인사가 없었다. 원래부터 인사성이 없는 건지, 내성적인 건지 몰라도 손님 입장에서는 거리감이 느껴졌다.

그 뒤로 다른 식당을 가게 되었고 여러 명이 모이는 회식 자리도 그곳을 제외하게 됐다.

손님이 바라는 것은 특별한 대우가 아니다. 그저 반갑게 맞아주는 한마디 인사다. 인사가 사라지면 맛이 있어도 마음이 떠나고 발길이 끊어지게 마련이다.

나를 점검해 보기

☐ 엘리베이터나 복도에서 마주쳐도 먼저 인사하는 일이 드물다.

☐ 눈이 마주쳐도 고개만 숙이거나 시선을 피하는 편이다.

☐ 택배/경비/미화 등 서비스 상황에서 인사를 거의 안 한다.

☐ "굳이 인사까지 해야 하나?"라고 생각한 적이 있다.

☐ 내가 인사하기보다, 상대가 먼저 하길 바라는 편이다.

▶ 하나라도 체크되었다면, 성격보다 먼저 인사 습관을 점검해 볼 필요가 있다.

왜 문제인가?

인사가 부족하면 단순히 무뚝뚝한 성격으로 보이는 데서 그치지 않고, 상대를 대수롭지 않게 여기는 태도로 읽히기 쉽다. 그 결과 교류의 문턱이 높아지고 호의와 기회도 자연스럽게 멀어진다.

인사는 관계를 여는 가장 기본적인 열쇠다. 이 작은 열쇠가 작동하지 않으면 마음의 온도는 빠르게 식는다.

관계는 마음만으로 유지되지 않는다.

매일의 인사와 태도가 관계를 지키는 가장 현실적인 힘이다.

경조사에 무관심

남의 경조사에 거의 참석하지 않는 사람이 있다. 물론 모두가 늘 시간을 낼 수는 없다. 다만 경조사는 시간을 내는 행위 자체가 존중과 배려로 전달되는 자리다. 그래서 불참이 반복되면 본인의 의도와 달리 상대에게는 "인연을 가볍게 여긴다."는 신호로 읽히기 쉽다.

"바빠서", "시간이 없어서" 같은 이유는 누구에게나 있다. 문제는 그런 이유가 누적되면 사이를 멀어지게 만든다는 점이다. 여기서 작동하는 것이 상호성이다. 내가 쓴 정성과 시간이 결국 비슷한 형태로 돌아온다는 뜻이다. 그래서 "베푼 만큼 돌아온다."는 말이 있다. 문자나 계좌 이체도 의미가 있지만, 가능하다면 잠깐이라도 얼굴을 비추는 것이 분명한 메시지가 된다.

내가 비운 자리는 언젠가 나에게도 비워진다.

상호성의 법칙을 절감한 쓸쓸한 빈소

선영 씨는 친구의 경조사는 물론, 친척들의 행사에도 잘 참석하지 않았다. 그녀는 "개인의 프라이버시가 중요하다.", "부담을 주기도 싫고, 받고 싶지도 않다."라는 생각으로 늘 거리를 두었다. 자연히 자신의 소식도 먼저 알리지 않았고 주변 사람들 역시 선영 씨의 근황을 알기 어려웠다.

그럴 즈음 선영 씨의 어머니가 돌아가셨을 때 빈소를 지키며 손님을 맞았지만, 조문객은 많지 않았다. 빈소에는 가족들 외에는 몇몇 친척들만 오갔을 뿐, 오랜 친구나 지인들은 드물었다. 가끔 조문을 오는 친척들마저 "선영이가 원래 경조사를 잘 안 다니잖아."라고 말하는 소리가 들리자 그녀의 마음은 더 무거워졌다.

슬픔에 잠긴 와중에도 쓸쓸한 빈소를 보며 뒤늦은 자책이 밀려왔지만, 한 번 마음이 떠난 사람을 되돌리기에는 늦고 말았다. 그녀는 어머니 장례를 치르면서 관계라는 것이 얼마나 쉽게 끊어질 수 있는지 알게 되었다.

영수 씨는 사회생활에서 나름 성공한 자영업자로 통했다. 그는 늘 바쁘다는 말을 입에 달고 살았고 시간은 금이라는 신조 아래 효율을 최우선으로 삼았다. 지인과 친척의 결혼식, 돌잔치, 심지어 장례까지도 계좌 이체로 축의금과 부의금을 보내는 것이 최선이라고 여겼다. 그러다 보니 직접 찾아가 얼굴을 비추는 일은 드물었다.

"바쁜데 거기까지 갈 시간 없어. 부의금으로 마음을 전하면 되지." 이것이 그의 기준이었다. 하지만 이런 방식이 계속되자 사람들은 그를 형식은 챙기지만, 관계에는 거리를 두는 사람으로 받아들이기 시작했다.

그러던 어느 날, 영수 씨의 부친이 갑작스럽게 돌아가셨다. 그는 넓은 장례식장을 예약하고 지인들에게 부고를 알렸다. 교류도 넓고 연락할 사람도 많다고 생각했기에 조문객이 적지 않을 것으로 기대했다.

그러나 빈소의 풍경은 예상과 달랐다. 저녁 시간이 되어도 조문객은 띄엄띄엄 몇 명에 그쳤고, 넓은 공간은 오히려 허전함을 더 크게 만들었다. 반면 옆 빈소는 조화가 가득하고 조문객이 길게 줄을 서 있어 그는 더 초라해졌다. 자신이 상주라는 표식을 감추고 싶을 정도였다.

휴대폰에는 부의금이 입금되었다는 알림이 간간이 울렸고 액수는 예전에 자신이 보냈던 금액과 정확히 같았다. 그제야 영수 씨는 바쁘다는 핑계로 사람들과의 왕래를 오래 소홀히 해왔다는 사실을 깨달았다.

따뜻한 마음으로 관계의 밭을 일궈온 이야기

박 부장은 바쁜 직장 생활 중에도 동료와 친구, 친척들의 경조사를 가능한 한 빠뜨리지 않는 사람으로 알려져 있었다. 그는 단순히 얼굴만 비추기보다 상대의 기쁨과 슬픔에 마음을 보태려 했다.

결혼식에는 일찍 도착해 신부대기실에 들러 덕담을 건넸고, 돌잔치에서는 부모의 이야기에 귀 기울이며 축하를 전했다. 지인이 상을 당했다는 소식을 들으면 최대한 시간을 내서 빈소를 찾아 고인을 추모하고 유족에게 위로를 건넸다. 이런 태도는 주변 사람들에게 박 부장은 따뜻하고 인간미 있는 사람으로 기억되었다.

시간이 흘러 박 부장의 부친이 오랜 투병 끝에 세상을 떠났다.

빈소가 마련되자 회사 동료들, 오랜 친구들, 학교 선후배들, 친척들이 차례로 찾아왔다. 저녁에는 조문객들이 줄을 서서 기다릴 정도였고, 상가 입구까지 길게 늘어선 조화들이 그의 인간관계를 보여주는 듯했다.

조문객들은 가득 찬 좌석을 보며 "박 부장은 인생을 참 잘 산 것 같아."라고 부러운 듯 말하곤 했다.

박 부장은 찾아온 사람들의 얼굴을 보며, 자신이 얼마나 많은 인연 속에서 살아왔는지를 실감했다. 평소에 쌓아 온 작은 정성과 시간이 가장 힘든 순간에 든든한 지지로 돌아온 것이다. 장례를 치르며 그는 관계의 소중함을 다시 확인했고 삶이 한층 단단해졌음을 느꼈다.

나를 점검해 보기

☐ 경조사 연락을 받으면 먼저 "시간이 없다."는 생각이 든다.

☐ 부의금, 축의금만 보내고 참석은 대부분 생략한다.

☐ "어차피 돈으로 마음을 전하면 된다."고 스스로 정리한 적이 있다.

☐ 얼굴을 비추는 대신 문자나 카톡 한 줄로 마무리하는 일이 잦다.

☐ 참석을 미루다 보면 잊거나 타이밍을 놓친다.

▶ 하나라도 체크되었다면, 성격보다 직접 찾아가 얼굴을 비추는 습관을 점검해 볼 필요가 있다.

경조사 불참이 반복되면 상대는 의도와 달리 "나와의 인연을 가볍게 여긴다."고 받아들이기 쉽다. 한 번 멀어진 사이는 다시 회복하는 데 시간이 걸리고 결국 기쁨과 슬픔의 순간에 함께할 사람도 줄어든다. 특히 장례처럼 정서적 지지가 필요한 때에는 관계의 공백이 더 크게 체감된다.

더 나아가 이런 참여 방식은 그 사람의 인간관계를 엿보는 기준이 되기도 한다. 가능한 범위에서 짧게라도 얼굴을 비추는 습관은 신뢰를 쌓는 가장 확실한 투자다.

화난 표정에 불평불만 늘어놓기

얼굴 표정은 말보다 먼저 태도를 설명한다. 찌푸린 얼굴로 투덜거리면 본인은 "요즘 힘들다."는 신호를 보내는 것이라 해도 주변은 그 부정적 감정에 옮을까 봐 조심스럽게 거리를 둔다.

불평불만은 때로 답답함을 풀어내는 통로가 될 수 있다. 다만 불평이 습관이 되면 문제를 함께 풀기보다, 분위기를 무겁게 만드는 사람으로 기억되기 쉽다.

특히 통화에서는 표정을 보지 않아도 목소리만으로 분위기가 전달된다. 톤과 호흡, 말의 속도에 감정이 실리기 때문이다. 중요한 통화일수록 한 박자 쉬고, 정리해 말하는 습관이 관계와 신뢰를 지키는 데 도움이 된다.

불만 가득한 표정과 말로 고립된 프리랜서

여성 프리랜서 A 씨는 대화할 때마다 불만이 묻어나는 표정과 말투가 잦았다. 누군가 "날씨 좋죠?"라고 하면 "좋긴 뭐가 좋아요. 덥기만 한데요."라고 받아치고, "점심 괜찮던데요."라는 말에도 "늘 그 나물에 그 밥이죠."라며 시큰둥하게 반응했다.

처음에는 동료들도 "무슨 일이 있나?" 싶어 위로하려 했지만, 대화가 반복될수록 불평만 돌아오자 차츰 멀리하기 시작했다. 그러면서 점심이나 티타임 자리에 A 씨가 자연스럽게 제외되는 일이 늘었다. "함께 있으면 덩달아 기운이 빠진다."는 인식이 생긴 것이다.

A 씨는 고립을 느끼면서도 원인을 "사람들이 나를 이해하지 않는다."고 생각했다. 그럴수록 표정은 더 굳어지고 불평은 잦아지는 악순환이 이어졌다. 결국 그녀는 소개와 추천이 줄어들었고 일감 감소로 이어져 심각하게 전업을 고민하게 되었다.

정치 이야기만 나오면 목소리가 커지는 여성

동네 공원에서 자주 보이던 미숙 씨는 늘 미간을 찌푸린 표정이었고 주변 일에 대한 불평이 많았다. 예를 들면, 어느 마트는 물건이 좋지 않다거나, 어느 의원은 불친절하다는 등의 불만을 주변 사람에게 자주 말하곤 했다.

그녀는 특히 정치 이야기만 나오면 목소리가 커지고 어조가 날카로워져 대화가 쉽게 격해졌다. 사람들이 "정치 이야기 그만하세요."라고 말해도 그녀는 "국민으로서 할 말도 못 해요?"라며 싸움닭처럼 맞서곤 했다. 그러자 미숙 씨가 있는 자리에는 늘 긴장감이 돌았고 주변 분위기도 소란스러워졌다.

같은 불만이라도 분노로 말하면 벽이 생기고 차분히 말하면 길이 열린다.

이런 상황이 반복되자 사람들은 미숙 씨가 다가오면 대화를 정리하거나 자리를 옮기기 시작했다. 벤치 옆자리가 비어 있어도 굳이 다른 곳에 앉는 일이 늘면서 미숙 씨는 혼자 남는 시간이 많아졌다.

미숙 씨는 "동네 사람들이 불친절하고 인정머리가 없다." 여기며 서운해했지만, 사람들은 피곤한 대화와 날 선 분위기를 피하고 싶었던 것이다. 이 문제는 주제 자체가 아니라 목소리 톤과 태도가 소통의 문을 닫게 만든 데 있었다.

나를 점검해 보기

☐ 불만을 말하며 대화를 시작하는 일이 잦다.

☐ 정치 이야기만 나오면 말수가 늘고 흥분하곤 한다.

☐ 공감보다 지적이나 비판이 먼저 나온다.

☐ 대화 뒤에 "괜히 분위기가 무거워졌나?"라고 느낀 적이 있다.

☐ 통화할 때 톤이 낮거나 어렵다는 말을 들은 적이 있다.

▶ 하나라도 체크되었다면, 말의 내용보다 목소리 톤과 리듬이 교류에 미치는 영향을 점검해 볼 필요가 있다.

왜 문제인가?

불평과 불만이 표정과 말투에 묻어나면 내용보다 먼저 감정적인 피로감이 전달된다. 상대는 문제의 옳고 그름을 판단하기보다 그 분위기가 싫어 거리를 두게 된다. 특히 날 선 톤은 상대를 방어적으로 만들어 관계의 거리를 더 벌린다.

"웃는 얼굴에 침 못 뱉는다."는 말처럼, 표정이 바뀌면 상대의 반응도 달라지고 대화의 결도 달라진다. 전화 통화에서도 한 박자 쉬어 분위기에 맞게 말하면 통화의 품질이 훨씬 달라진다.

두리번거리고 산만한 태도

대화 중 상대의 얼굴을 보지 않고 좌우를 두리번거리면, 상대는 "내 말을 제대로 듣지 않는다."라는 느낌을 받기 쉽다. 여기에 핸드폰까지 만지작거리면 불쾌감은 더 커진다. 본인은 확인이나 검색을 위한 행동이라 해도 상대의 눈에는 딴청이나 무시로 보일 수 있기 때문이다.

그래서 대화할 때는 시선을 맞추고, 필요하면 "지금 말씀하신 용어를 정확히 확인해도 될까요?"처럼 한마디를 덧붙여 집중하고 있다는 신호를 주는 것이 좋다. 시선은 신뢰의 끈이고, 집중은 상대에 대한 최소한의 예의다.

다만 공공장소에서 다른 사람의 핸드폰 화면을 힐끔힐끔 엿보는 행동은 불필요한 호기심으로 비칠 수 있으니 조심하는 것이 좋다.

핸드폰 검색 때문에 계약을 놓친 사례

금융권 영업 전문가인 오 대리가 고객 상담을 할 때였다. 어느 날 유력 자산가와의 1대1 미팅은 성과로 이어질 수 있는 중요한 자리였다. 자산가가 투자 철학과 고민을 설명하던 중, 오 대리는 낯선 용어를 정확히 확인하려고 핸드폰으로 검색을 했다. 하지만 검색하는데 시간이 길어지자 자산가는 대화의 흐름이 끊긴다고 느꼈고 오 대리에게서 충분한 집중과 몰입을 받지 못했다. 상대는 이를 딴청으로 받아들였고 그에게서 진정성을 느끼지 못했다.

자산가는 "설명은 좋았지만, 제 말에 집중한다는 느낌이 약했습니다."라며 상담을 마무리했다. 오 대리는 사소한 습관 때문에 소중한 기회를 놓치고 말았다.

이 사례는 도구 사용 자체가 문제가 아니라 언제·어떻게 사용하느냐가 관건이라는 점을 보여준다. 중요한 순간일수록 상대에게 집중이 보이도록 행동해야 한다.

핸드폰 습관 때문에 대화에서 멀어진 친구 사이

영찬 씨는 친구들과의 모임을 좋아했지만, 대화 중에도 핸드폰을 만지작거리는 습관이 있었다. 친구가 고민을 털어놓을 때도 그는 고개만 끄덕이며 화면을 내려다보곤 했다. 그러자 친구는 "내 말을 하찮게 여긴다."라고 생각하게 되었다.

이런 장면이 반복되자 친구들은 영찬 씨에게 속내를 말하지 않게 되었고 자연스럽게 그를 빼고 대화를 이어가는 일이 늘었다. 훗날 영찬 씨에게 정말 중요한 일이 생겨 친구들 조언을 들으려 했으나, 그의 말에 귀 기울여 주는 사람은 많지 않았. 다만 한 친구가 말하기를 "그거 핸드폰으로 검색하면 다 나와." 내심 촌철살인 같은 말에 좌중은 폭소가 터지고 말았다. 그러나 그가 웃음의 의미를 아는지는 모를 일이다.

나를 점검해 보기

☐ 대화 중 무의식적으로 시선을 자주 다른 곳으로 옮긴다.

☐ 상대가 말하는 중에도 핸드폰을 확인하거나 만지는 편이다.

☐ "잠깐만요."라는 말없이 검색이나 메시지 확인을 한다.

☐ 상대의 이야기를 기억하지 못해 다시 묻게 되는 경우가 있다.

☐ 중요한 자리에서도 집중이 흐트러졌다는 지적을 받은 적이 있다.

▶ 하나라도 체크되었다면, 내용의 문제가 아니라 집중이 보이지 않는 습관이 신뢰를 깎고 있을 수 있다.

왜 문제인가?

대화에서 시선과 태도는 말보다 먼저 존중과 집중의 정도를 드러낸다. 대화 중 상대의 얼굴을 보지 않고 두리번거리거나 휴대전화를 만지는 순간, 말의 내용과 무관하게 무례함과 무관심으로 읽히기 쉽다.

특히 업무나 상담처럼 신뢰가 성과로 직결되는 자리에서는 작은 산만함 하나가 진정성 결여로 확대해석 되기 쉽다.

집중은 능력의 문제가 아니라 태도의 문제다. 시선을 맞추고 필요한 순간 적절한 반응을 보이는 것은 관계와 기회를 지키는 가장 기본적인 예의다.

약속 시간을 가볍게 여기는 버릇

약속 시간을 자주 어기는 사람은 시간을 자기 사정에 맞춰 판단하는 경향이 있다. 본인은 사소한 지각이라 여기지만, 상대는 성의와 배려가 부족하다고 받아들인다. 문제는 지각이 반복될수록 변명과 핑계가 습관이 되고 원래 늦는 사람이라는 이미지가 고착된다는 점이다.

때로는 일부러 늦게 도착해 주목을 받으려는 경우도 있다. 하지만 그런 연출은 중요한 사람으로 보이기보다, 타인의 시간을 가볍게 여기는 태도로 읽히기 쉽다.

사람들이 일찍 오는 이유는 시간이 남아서가 아니라 상대를 존중하고 약속을 지키려는 의지 때문이다. 불가피하게 늦을 때는 즉시 연락해 상황을 설명하고 사과의 뜻을 전하는 것이 기본이다.

다만 이런 상황이 잦아지면 상대는 "또 늦겠지"라고 학습해 기대치를 낮춘다. 특히 비즈니스에서는 최소 10~15분 전 도착을 원칙으로 삼아 시작부터 준비된 사람으로 읽히는 편이 유리하다.

시간은
기다려 주지만,
신뢰는
기다리지 않는다.

잦은 지각과 변명이 신뢰를 무너뜨린 경우

태수 씨는 친구들 사이에서 '시간 파괴자'라는 별명이 붙을 정도로 지각이 잦았다. 약속마다 30분 내외로 늦었고 이유도 늘 비슷했다.

"차가 막혔어."

"갑자기 일이 생겼어."

친구들이 "매번 변명이 똑같네, 좀 일찍 나오면 안 되냐?"라고 타박하면 태수 씨는 "너무 빡빡하게 굴지 마라."하며 말하곤 했다.

어쩌다 일찍 오는 날 다른 친구가 늦으면 "누구는 한가해서 일

133

찍 오는 줄 아냐?”며 면박을 주기도 했다. 다른 사람의 눈에 있는 티끌은 보여도 제 눈의 들보는 보이지 않는다고 했다.

처음에는 친구들도 이해하려 했지만, 이러한 행동이 반복되자 그를 시간 개념 없는 사람, 믿을 수 없는 친구라고 인식하게 되었다.

문제는 식당에 늦게 오면 이미 다른 친구들은 거의 식사를 마친 다음이라는 점이다. 그래서 새로운 음식을 시켜주지만, 늘 불평이 따랐다.

“맛있는 것은 너희들이 다 먹고 나는 찌끄러기만 먹네!”

자신이 늦어 그런 것을 친구들 탓으로 돌리는 것이다.

한번은 해외여행 갈 때 갑자기 펑크를 내면서 예매표를 환불받지 못해 손해 보는 일이 생겼다. 그러자 다음 여행부터는 아예 그를 배제하기 시작했다.

언젠가 태수 씨가 모임을 주도했지만, 참석자가 거의 없어 썰렁한 분위기였다. 그래도 그는 여전히 친구들이 자신을 이해해 주지 못한다고 생각할 뿐이다.

시간 엄수와 철저한 준비로 프로젝트를 수주한 사례

IT 솔루션 기업의 김수현 이사는 어떤 미팅이든 약속 시간보다 항상 15~30분 일찍 도착하는 것을 원칙으로 삼았다. 이는 단순히 시간을 지키는 것을 넘어, 상대방에 대한 존중과 자신의 철저한 준비성을 보여주는 그만의 방식이었다.

어느 날 김수현 이사에게는 회사의 미래를 좌우할 정도의 신규 프로젝트를 수주할 기회가 찾아왔다. 대기업을 포함한 쟁쟁한 경쟁사들이 참여하는 치열한 자리였고, 최종 의사 결정권자인 클라이언트사의 회장과 주요 임원진들도 참석하는 중요한 미팅이었다.

그날 김수현 이사는 프레젠테이션이 시작되기 1시간 전에 클라이언트사 회의실에 도착했다. 그는 일찍 도착한 시간을 활용하여 미리 준비한 자료들을 최종 점검하고, 노트북과 빔프로젝터 등 장비 연결 상태를 직접 확인했다. 클라이언트사의 네트워크에 문제가 있을 것을 대비해 자신의 모바일 핫스팟도 미리 준비하는 등 만일의 상황까지 대비했다.

그리고 남는 시간에는 마음을 가다듬고 미팅에 임하는 자신의 태도와 표정을 점검하며 최상의 컨디션을 만들었다.

김수현 이사가 막 점검을 마치고 자리에 앉았을 때, 클라이언트사 회장과 임원진들이 생각보다 일찍 회의실에 들어섰다. 회장은 회의실에 가장 먼저 와서 자신들을 기다리고 있는 김 이사의 모습을 보고 놀라는 표정이었다. 그리고 김 이사에게 이렇게 말했다.

"김 이사님, 귀사에서 가장 먼저 와 저희를 기다리고 계신 것을 보니 이번 프로젝트를 얼마나 중요하게 생각하는지 알 것 같습니다."

이 한마디는 다른 경쟁사들보다 훨씬 유리한 출발선에 서게 했음을 의미했다. 이후 미팅 내내 김 이사는 일찍 도착해서 얻은 심리적 여유와 완벽한 준비 덕분에 차분하고 자신감 있게 프레젠테이션을 진행할 수 있었다. 반면 일부 경쟁사는 늦게 도착해 서두르거나 장비 문제로 발표가 지연되며 초반 인상을 잃었다.

결과적으로 김 이사 측은 프로젝트를 수주하는 데 성공했고, 계약 사유로 '준비된 태도 자체가 신뢰'라는 평가를 받았다.

이를 통해 김수현 이사는 회사 내에서 뛰어난 리더로 인정받았고 클라이언트사와도 장기적인 파트너십을 구축할 수 있었다.

일부러 늦어 바쁜 사람처럼 보이려 한 사업가

미현 씨는 업계에서 커리어를 인정받는 여류 사업가였지만, 약속에 늦는 버릇이 있었다. 일찍 가면 가벼워 보인다고 생각해 일부러 늦게 도착하는 것이다. 마치 자신은 늘 바쁜 사람인데, 어렵게 참석해 주는 것이라는 인상을 주려는 것 같았다.

심지어 버스를 빌려 지방으로 갈 때도 10분, 20분 늦기 일쑤였

나는 돈(Money)입니다

다. 그녀 한 사람 때문에 40명이 단체로 볼모로 잡힌 격이다.

그녀가 가끔 참석하는 조찬회는 많은 사람에게 자신의 역량을 보여줄 수 있는 기회였기 때문에 자신도 발표하고 싶어 했다. 그래서 책임자에게 말하기를 "다음에는 저도 발표하고 싶어요. 제게도 기회를 주세요."라고 요청했다. 그러나 주최 측은 "발표 일정이 이미 꽉 찼다."며 완곡하게 거절했다.

표면적 이유는 일정이었지만, 실제로는 "발표 당일 지각하면 큰 실례가 될 수 있다."는 우려가 깔려 있었던 것이다. 그리하여 1년이 지나도 기회는 오지 않았다.

잦은 지각 때문에 신뢰를 잃고 기회도 놓치고 말았다.

나를 점검해 보기

☐ 약속 시간에 늦어도 "이 정도는 괜찮다."라는 생각이 든다.

☐ 출발 시간을 촉박하게 잡는 편이고 늘 변수가 생긴다.

☐ 늦은 뒤에는 "차가 막혔다/일이 생겼다."같은 변명부터 나온다.

☐ 상대가 늦으면 예민해지는데, 내가 늦는 건 관대하게 본다.

☐ 일찍 도착하면 손해 보는 느낌이 들어 일부러 늦게 가는 편이다.

▶ 하나라도 체크되었다면, 시간 문제가 아니라 신뢰를 만드는 방식을 점검해 볼 필요가 있다.

왜 문제인가?

약속 시간을 가볍게 여기는 습관은 능력과 무관하게 자기중심적으로 비치기 쉽고, 신뢰하기 어려운 사람으로 보이게 한다. 본인은 사소한 지각이라 생각해도 상대에게는 자신의 시간이 존중받지 못했다는 인식이 먼저 남는다. 특히 일부러 늦어 존재감을 드러내려는 태도는 주목이 아니라 반감만 쌓이게 된다.

시간을 지킨다는 것은 단순한 예절이 아니라 신뢰를 선지급하는 일이다. 작은 약속을 존중하는 사람이 결국 더 큰 기회를 얻는 법이다.

상대가 말할 때 팔짱·다리 꼬는 태도

팔짱을 끼는 자세는 흔히 '클로징 포지션(닫힌 자세)'으로 불린다. 본인은 무심코 취한 동작일 수 있지만, 상대에게는 거리감이나 방어적 태도로 읽혀 "내 말을 반기지 않는 것 같다."는 느낌을 줄 수 있다. 특히 조직에서 상사가 팔짱을 끼고 있으면 팀원은 위축되어 의견을 내기보다 반응을 살피게 된다.

경청은 귀로만 하는 것이 아니라 자세에서 시작된다. 상대가 누구든 시선을 맞추고 고개를 가볍게 끄덕이는 등 열린 반응을 보이면 "지금 당신 말에 집중하고 있다."라는 신호가 되어 대화가 한결 부드러워진다.

물론 팔짱이 항상 무례를 뜻하는 것은 아니다. 체형을 가리거나 추위를 막는 등 개인적 이유로 팔짱을 끼는 경우도 있다. 다만 상대가 그 맥락을 알기 어려운 자리에서는 의도와 달리 닫힌 태도로 오해받을 여지가 있다.

또 공공장소에서 다리를 꼬는 습관은 상황에 따라 공간을 좁게 만들거나 타인에게 불편을 줄 수 있다.

경청은 귀가 아니라 자세에서 시작된다.

팔짱과 꼬인 다리 때문에 활력을 잃은 회의

소프트웨어 개발사의 팀장은 브레인스토밍 회의를 열어 팀원들의 자유로운 아이디어를 끌어내고 싶어 했다. 그러나 회의 내내 팔짱을 끼고 다리를 꼬는 습관이 반복되자 팀원들은 팀장이 이미 마음을 닫고 평가하려 한다고 느꼈다.

신입사원 지은 씨는 준비한 아이디어를 설명하면서도 팀장의 반응을 살피느라 말을 줄였고, 민준 씨 역시 닫힌 자세를 보고 "관심이 없는 것 같다."는 신호로 받아들여 발표를 서둘러 마무리했다.

그러자 회의는 침묵이 늘고 팀원들은 "어차피 말해도 달라지지 않는다."라는 분위기 속에서 의견 제시를 멈추게 되었다. 팀장은 아이디어가 부족하다고 불평했지만, 실제로는 자신의 비언어적 태도가 소통을 막고 있었던 것이다.

공공장소에서 다리를 꼬는 습관으로 불편을 준 여성

영애 씨는 평소 다리를 꼬고 앉는 습관이 있었다. 지하철이나 카페 같은 공공장소에서도 무심코 다리를 꼬곤 했다.

어느 날 붐비는 지하철에서 영애 씨는 한쪽 다리를 다른 다리 위로 올려 꼰 채 앉아 있었다. 주변 사람들은 지나가며 다리에 스치지 않도록 조심해야 했고, 그 장면은 "공공장소에서 매너가 없다."는 인상을 주었다. 영애 씨는 그런 분위기를 알아차리지 못한 채 스마트폰만 보고 있었다.

친구들과의 모임에서도 그녀는 자주 다리를 꼬고 앉아 있곤 했다. 의도는 없었지만, 친구들 입장에서는 "우리 이야기에 관심이 없는 것 같다." 혹은 "마음이 닫혀 보인다."라는 느낌을 지울 수 없었다.

영애 씨는 어느 순간부터 이유를 알 수 없는 거리감을 느꼈다. 분명 크게 다툰 적도 없고 누군가에게 상처 주는 말도 한 적이 없는데, 대화의 온도만 달라져 있었다.

그제야 그녀는 깨닫기 시작했다. 유대감을 흔드는 것은 종종 큰 말이 아니라 무심코 반복되는 작은 태도라는 것을.

다리를 꼬는 습관 하나가 그 사람의 성격을 결정하지는 않지만, 타인의 눈에는 거리감으로 읽힐 수 있다. 그리고 그 거리는 서서히 벌어진다.

나를 점검해 보기

□ 상대 이야기를 들을 때 무의식적으로 팔짱을 끼고 있는 편이다.

□ 회의나 대화 중 다리를 꼬는 자세가 기본처럼 굳어 있다.

□ 상대의 반응보다 내 자세가 어떻게 보일지는 신경 쓰지 않는다.

□ "집중하고 있다."는 표현을 말로만 하고, 몸은 잘 따라주지 않는다.

□ 경청하고 있다고 생각하지만, 상대의 반응이 차갑게 느껴질 때가 있다.

▷ 하나라도 체크되었다면, 진심과 별개로 자세가 주는 인상을 점검할 필요가 있다.

왜 문제인가?

팔짱이나 다리 꼬기 같은 닫힌 자세는 말보다 먼저 거리감과 방어심을 전달한다. 본인은 무의식적인 습관이라 여겨도, 상대는 "내 말을 반기지 않는다."는 신호로 받아들이기 쉽다. 이런 신호가 반복되면 사람들은 점점 대화에서 물러난다.

반면에 팔과 다리를 풀고 열린 자세를 유지하는 것만으로도 대화의

흐름과 신뢰는 눈에 띄게 달라진다.

자세 하나가 대화의 문을 닫을 수도 있고, 열 수도 있다.

침을 자주 뱉는 습관

길을 걷다 침을 뱉거나 담배를 피우다 침을 자주 뱉는 사람이 있다. 흡연 구역에서 담배를 피우다 바닥에 침을 뱉으면 같이 흡연하는 사람들조차 불쾌감을 느낀다. 또 차를 타고 가다 창밖으로 침을 뱉고 화장실에서는 용변기에 침을 뱉는다. 침을 뱉는 사람은 버릇이 되어 때와 장소를 가리지 않는다.

본인은 아무 생각 없이 했지만, 보는 사람은 오래 기억한다.

옛말에 침을 뱉으면 복을 뱉는 것이라 했다. 침 뱉는 행동은 주변 사람에게 불결함과 무례함을 동시에 남기며, 결국 자기 스스로 평판 손실을 초래한다. 꼭 침을 뱉어야 하는 상황이라면 휴지를 사용하거나 조심스럽게 처리하는 것이 좋다.

침 뱉는 습관 때문에 계약이 틀어진 영업사원

건설회사 영업사원 박 대리는 흡연과 함께 침을 뱉는 버릇이 있었다. 어느 날 중요한 계약을 앞두고 박 대리는 고객사의 관계자와 미팅을 마치고 건물 밖에서 잠시 대화를 이어가고 있었다.

미팅이 잘 마무리됐다고 생각한 박 대리는 담배를 피우며 안도했고, 무심코 그 회사 화단 쪽에 가래침을 뱉었다. 그런데 그 장면을 고객사 임원이 우연히 보게 되었다.

며칠 뒤, 박 대리는 계약이 갑자기 무산되었다는 소식을 듣게 된다. 이유를 알 수 없어 의아했지만, 나중에 우회적으로 들려온 이야기는 이랬다.

그 임원은 건물 앞 화단이 회사의 이미지를 나타낸다고 해서 관리팀에 특별히 잘 가꿀 것을 지시했다고 한다. 그런데 누군가 가래침 뱉는 것을 보고 기분이 좋지 않았을 뿐 아니라 마치 회사에 침을 뱉는 것 같은 생각이 들었다는 것이다. 그리하여

145

박 대리와 미팅했던 직원을 불러 질책했다는 것이다.

박 대리는 악의가 없었고 무의식적인 습관이었을 뿐이지만, 그의 행동은 상대방에게 불결하고 품위 없다는 인상을 주면서 큰 기회를 놓치고 말았다.

침 뱉는 습관 때문에 연인과 멀어진 남성

영준 씨는 연인 예나 씨에게 자상한 사람이었다. 하지만 그에게는 예나 씨가 싫어하는 습관 하나가 있었는데, 바로 침을 자주 뱉는 것이었다. 그는 식사 후나 운동 후, 또는 그저 답답함을 느낄 때면 아무렇지 않게 길가에 침을 뱉곤 했다.

처음에는 예나 씨도 사랑으로 이해하려 했지만, 이 모습이 반복될수록 점점 불편함을 느끼기 시작했다. 특히 함께 데이트할 때 영준 씨가 침을 뱉는 모습을 보면 그녀는 주변 사람들의 시선이 의식되었다.

예나 씨는 영준에게 조심스럽게 "자기야, 침은 좀 참았다가 사람들 없는 곳에서 뱉으면 안 될까? 사람들이 자꾸 우리를 쳐다보는 것 같아."라고 부탁했다.

하지만 영준은 "뭘 그런 걸 가지고 그래?"라며 대수롭지 않게 여기고 침을 뱉는 습관은 여전했다. 영준의 이러한 무심한 태도는 예나 씨에게 상처가 되었다.

"내 마음을 배려하지 않는 건가?"

"내가 싫어하는 것을 알면서도 고치려 하지 않는데, 결혼해서도 그러면 어떡하지?"라는 의문이 들기 시작했다. 그녀는 점차 영준에 대한 신뢰가 떨어지는 것을 느꼈다. 예나 씨는 영준과 공공장소에서 데이트하는 것을 피하게 되었고, 그의 침 뱉는 모습이 떠올라 함께 식사하는 것조차 불편함을 느끼기 시작했다.

아무리 좋아하는 사람이라도 기본적인 위생과 공공 예절을 지키지 않는 모습은 그녀에게 사랑의 감정을 지속하기 어렵게 만들었다.

이 문제는 갈등의 원인이 되었고 연인 관계에 부정적인 영향을 미치고 말았다.

나를 점검해 보기

☐ 길을 걷다가 무심코 침을 뱉는 일이 자주 있다.

☐ 담배를 피울 때 침을 뱉는 습관이 함께 나온다.

☐ 가래가 생기면 주변을 살피기보다 바로 처리해 버린다.

☐ 휴지나 물티슈를 들고 다니지 않아 대안이 없다.

☐ 누군가 "보기 불편하다."는 신호를 줘도 대수롭지 않게 넘긴다.

▶ 하나라도 체크되었다면, 침을 뱉는 행동은 자신의 이미지에 좋지

못한 영향을 줄 수 있으니 상황별 대처 루틴을 마련해 두는 것이 안전

하다.

왜 문제인가?

침을 뱉는 행동은 단순한 위생 문제를 넘어 타인에게 무례함과 자기

관리 부족으로 읽히기 쉽다. 본인은 무심코 한 행동이라 해도 보는 사

람에게는 불결함과 교양 부족이 동시에 각인된다. 이런 인상이 반복

되면 주변은 그 사람을 꺼리게 되고, 대화와 관계의 문턱도 높아진다.

일부 국가에서는 공공장소에서 침을 뱉는 행위가 금지되어 있으며,

벌금 등의 제재를 받기도 한다. 특히 싱가포르 같은 곳에서는 주의가

필요하다.

굳이 작은 습관 하나로 남에게 불쾌감을 주고 신뢰를 잃을 필요는

없다.

나는 돈(Money)입니다

08 CHAPTER

술을 급하게 마시고 빨리 취함

과음은 다음 날 대화나 약속을 또렷이 기억하지 못하게 만들고 의도치 않은 실수로 이어질 수 있다. 또 대중교통을 이용하다가 잠들어 종착역까지 가거나 귀가가 늦어져 택시비 같은 비용이 늘어나는 일도 생긴다. 다음 날이면 후회가 남지만, 시간 잃고 돈 잃고 마음까지 초라해진 다음이다.

술자리는 즐거워야 한다. 그러려면 속도를 조절하는 것이 좋다. 술을 급하게 마시면 경솔해 보이기 쉽고, 먼저 취해 대화의 흐름을 놓치거나 불필요한 실수를 남기기 쉽다.

그러므로 첫 잔은 두세 번에 나누어 마시고 상대의 속도에 맞춰 템포를 조절하자. 술자리에서도 여유와 절제는 가장 확실한 실력이다.

터프함을 과시하듯 급하게 마시는 술은 건강을 해치고 판단 착오를 부른다.

술에 장사 없다고 했다.

149

급하게 마시면
술보다 먼저
태도가 취한다.

술 때문에 회식 자리에서 실수한 직원

박 주임은 젊은 탓인지 술자리에서 남에게 지기 싫어하고 스스로 술 잘 마시는 것을 과시하려는 경향이 있었다.

어느 날 회사의 납품 성공을 기념하는 회식 자리가 마련되었다. 이 자리에는 사장님을 비롯한 전 직원이 참석했다. 박 주임은 평소처럼 자신이 술을 가장 잘 마시는 사람임을 보여주려 했다. 건배를 할 때마다 잔을 비우고 들어오는 술잔을 거절하지 않으면서 주당임을 과시했다.

하지만 빈속에 급하게 마신 술은 박 주임을 예상보다 빨리 취하게 했다. 회식 시작 한 시간 만에 그는 얼굴이 붉어지고 목소리가 커졌다. 급기야 "회사의 문제점을 건의하겠다."며 사장님에게 과한 말을 늘어놓아 분위기를 싸늘하게 만들어 버렸다.

다음 날 박 주임은 기억이 끊긴 구간이 많아 얼굴을 들기 어려웠다.

동료들 사이에서는 "술자리가 불안하다."라는 말이 돌았고, 상사들 또한 "자제력이 약해 보인다."는 인상을 갖게 됐다.

그는 술로 존재감을 보이려 했지만, 결과적으로는 신뢰를 잃는 쪽으로 술잔이 기울고 말았다.

빨리 취해야 어색함이 사라진다는 소상공인

자영업을 하는 상우 씨는 평소 내성적인 성격이라 사람들과 격의 없이 어울리는 것을 어려워했다. 상인들과의 회식 자리에서 어색한 침묵이나 서먹한 분위기가 흐르면, 그는 불편함을 이기지 못하고 잔을 비우는 속도가 빨랐다.

"빨리 취해야 벽을 허물고 친해질 수 있다."

"취해야 솔직한 이야기가 나온다."라는 생각을 갖고 있었다. 그래서 상인들이 채 술잔을 비우기도 전에 다음 잔을 재촉하며 술을 급하게 마시고 빨리 취하곤 했다.

상우 씨는 점심때도 술을 자주 마셨다. 그러나 낮술에 취하면 그날 오후 시간을 통째로 흘려보내기 일쑤였고 다음 날이면 후회만 남았다. 사실 이런 습관은 자신의 소심함을 감추기 위한 방편이었지만, 취기가 오르면 평소와 달리 말이 거칠어지거나 목소리가 커지기도 했다.

이런 모습이 반복되자, "평소엔 얌전한데 술만 마시면 흐트러진다."는 말이 돌기 시작했고 정기적인 모임이 아니면 연락도 뜸해졌다.

그는 술을 매개로 교류를 넓히려 했지만, 술 때문에 오히려 사람들과의 거리가 멀어지고 말았다.

나를 점검해 보기

☐ 다음 날 대화나 약속 내용을 또렷이 기억 못 한 적이 있다.

☐ 술자리 후 "내가 괜한 말을 했나?"하고 걱정한 적이 있다.

☐ 술 마시면 말이 거칠어지는 경향이 있다.

☐ 늦은 귀가/종착역/택시비 등 부수비용이 종종 발생한다.

☐ 술을 마신 뒤 행동이 달라진다는 평가를 받은 적이 있다.

▶ 하나라도 체크되었다면, 주량뿐 아니라 마시는 속도를 먼저 조절해 보자.

왜 문제인가?

술을 급하게 마시면 판단력과 자제력이 빠르게 무너져 말과 행동의 실수로 이어지기 쉽다. 본인은 순간의 긴장 완화나 친밀감을 기대하지만, 주변에는 자기 조절이 어려운 사람이라는 인상만 남는다.

이런 장면이 반복되면 술자리는 즐거운 시간이 아니라 조심해야 할 자리가 되고, 결국 초대와 기회에서 멀어진다.

술은 즐기되 속도를 조절하는 습관이 평판을 지키는 가장 현실적인 안전장치다.

제4장

자기관리가 무너지면 일상도 흔들린다
-생활 습관이 삶의 리듬과 결과를 결정한다-

삶은 결심이 아니라 반복으로 만들어진다. 큰 다짐보다 무심히 반복된 하루들이 인생의 모양을 더 자주 결정한다.

정리정돈이 무너진 공간, 기록하지 않는 습관, 우선순위가 없는 하루, 자극적인 콘텐츠에 잠기는 밤, 소음을 대수롭지 않게 여기는 태도.

이 모든 것은 겉으로는 사소한 문제처럼 보이지만, 실제로는 삶의 질을 떨어뜨리는 구조적 결함이 된다.

정돈되지 않은 공간은 마음을 산만하게 만들고, 산만한 마음은 판단과 결정을 늦춘다. 메모하지 않으면 생각은 쉽게 흘러가고, 중요한 대화와 약속은 허공으로 사라진다.

할 일을 미루면 시간은 늘어난 듯 보이지만, 결국 마감 직전에 더 큰 비용으로 돌아온다. '바빠서'라는 말은 그럴듯하지만, 많은 경우 우선순위가 흐트러진 결과다.

이 장의 핵심은 간단하다. 인생을 바꾸는 것은 거창한 결심이 아니라 작지만 지속 가능한 관리라는 것이다.

오늘의 10분이 내일의 삶을 바꾸고, 오늘의 방치는 내일의 후회가 된다.

정리정돈과 청소에 게으름

　　방에는 옷가지가 널려 있고 주방에는 설거지가 밀려 그릇이 쌓여 있다. 현관에는 신발이 겹겹이 놓여 서로 밟고 지나가야 한다. 현관은 집의 첫 관문인데, 여기서부터 질서가 무너지면 가족 간의 배려도 쉽게 무너진다.

차 안에도 먹다 남은 음료와 과자 부스러기가 구석구석 남아 있다. 집과 자동차가 늘 어수선하면 몸도 마음도 쉬기보다 계속 쫓기는 느낌이 든다.

정리정돈을 못하는 사람은 물건도 버리지 못하는 경향이 있다. 입지 않는 옷, 쓰지 않는 그릇, 신지 않는 신발이 쌓이면서 집이 생활 공간이 아니라 보관 창고처럼 변한다. 그러면서 집중력은 떨어지고 작은 일에도 쉽게 피로해진다.

"아끼다 똥 된다."는 말처럼, 좋은 옷부터 입고 맛있는 음식부터 먼저 먹는 것이 좋다. 쓰지 않는 것은 정리하고 비우며, 가볍게 사는 것이 생활의 리듬을 되찾는 데 도움이 된다.

말하지 않아도
공간은 주인의
상태를 보여준다.

필자는 어릴 때 어머니에게서 "어지럽히는 사람 따로 있고, 치우는 사람 따로 있는 게 아니다."라는 말을 들었다. 당연한 말인데도 그 한마디가 크게 마음에 남았다. 그 후로 정리는 누군가의 일이 아니라 내가 만든 생활을 내가 마무리하는 책임이라는 것을 의식하게 됐다.

집은 그곳에 사는 사람의 생활 습관을 그대로 비춘다. 공간을 가꾸면 마음이 정돈되고, 마음이 정돈되면 하루의 선택도 더 단정해진다.

그래서 "최고의 인테리어는 정리정돈"이라고 했다.

어지러운 현관이 갈등을 키운 가정

선희 씨는 남편과 맞벌이하는 바쁜 직장인이었다. 퇴근 후에는

157

지쳐서 정리는 엄두가 나지 않았고, 주말에도 피곤하다는 이유로 미루기 일쑤였다. 그러다 보니 집안 곳곳은 늘 어수선했다.

가장 큰 문제는 현관이었다. 남편과 아들, 딸이 아무렇게나 신발을 벗다 보니 항상 신발이 뒤죽박죽 쌓여 있었다. 자신의 신발을 신으려면 다른 가족의 신발을 밟고 지나야 했고, 어떤 신발은 뒤집혀 거꾸로 있는 상태였다. 남편의 구두 한쪽은 짓밟혀 구겨져 있었지만, 누구 하나 본체만체할 뿐이다.

출근길 선희 씨는 남편의 신발을 밟고 넘어질 뻔하면서 "여보, 신발 좀 정리해요. 당신이 이러니까 애들도 따라 하잖아요."라며 불평했다. 가장 기본적인 배려가 시작되어야 할 현관에서부터 가족 간의 갈등과 불편함이 시작되고 있다.

주방도 사정은 비슷했다. 싱크대에는 설거지 그릇이 수북하게 쌓였고, "누가 할 거냐?"를 두고 서로 미루다 보니 다툼이 잦았다.

이렇다 보니, 선희 씨 가족의 대화에는 "우리 집은 왜 이렇게 어수선하지?"라는 말이 자주 나왔다. 남편은 구겨진 자신의 신발을 보며 서운함을 느꼈고, 선희 씨는 쌓여가는 집안일과 가족들의 무심한 태도에 짜증이 늘어났다.

정돈의 문제가 단순한 지저분함이 아니라 가족의 기분과 관계까지 흔들 수 있다는 점을 보여준다.

버리지 못한 물건이 마음의 무게가 된 사례

미영 씨는 어린 시절부터 물건을 쉽게 버리지 못했다.

"언젠가는 쓸모가 있을 거야."라는 생각에 이것저것을 구석구석 쌓아두었다. 영수증 한 장, 다 쓴 물티슈 하나까지도 버리지 못하고 한쪽에 모아두곤 했다.

그런 집에서 미영 씨는 늘 피로했고 집중도 잘되지 않았다. 집안 환경이 마음의 컨디션에 영향을 주고 있었던 것이다. 무엇보다 집에 들어가는 순간부터 답답함이 밀려와 자신이 만든 '쌓인 공간'이 오히려 짜증의 원인이 되었다.

그러던 어느 날, 직장 문제로 이사를 하게 되어 짐을 싸기 시작했다. 그 과정에서 엄청난 양의 필요 없는 물건과 마주쳤다. 그제야 "내가 쓸데없는 것을 붙잡고 있었구나."라는 생각이 들어 이번만큼은 버리기로 마음먹었다. 하지만 막상 버리자니 아깝다는 마음에 쉽게 결정을 내리지 못했다.

그때 어머니가 "언제까지 이렇게 살 거냐?"라며 단호하게 말하자, 미영 씨는 순간 눈물이 핑 돌았다. 어머니의 강권에 떠밀려 정리를 시작했지만, 마음 한편에는 여전히 아깝다는 감정이 남아 어머니가 원망스럽기까지 했다.

그런데 쓸모없는 물건을 치우다 보니 불필요한 가구까지 줄이게 되었고, 가구 몇 개를 없앴을 뿐인데 집이 갑자기 넓어지는 것을 느꼈다. 무엇보다 신기했던 것은 버린 만큼 마음이 가벼워진다는 사실이었다.

예전에는 옷장 안이 옷으로 빽빽해 늘 구겨지기 일쑤였지만, 수납공간에 여유가 생기자 옷을 가지런히 걸 수 있었다. 반듯하게 정돈된 옷들을 보니 저절로 미소가 들기도 했다.

새로 이사 간 집은 이전보다 좁았지만, 공간은 오히려 더 여유로웠다. 비워낸 자리에 작은 액자를 걸자 분위기도 한결 밝아졌다. 집들이 온 친구들이 "이제야 사람 사는 집 같다."라고 말했을 때, 미영 씨는 비로소 새출발을 실감했다.

비움이 손해가 아니라 생활의 질과 마음의 리듬을 되찾는 선택임을 보여준다.

나를 점검해 보기

☐ 집에 들어가면 가장 먼저 치워야 하는 것이 눈에 들어온다.

☐ 현관, 싱크대, 침대 중 한 곳 이상이 자주 무너진다.

☐ "언젠가 쓸 것 같아서" 버리지 못한 물건이 한 구역을 차지한다.

☐ 물건을 찾느라 시간을 쓰는 일이 자주 있다.

☐ 집에 손님을 부르기 망설여진다.

▶ 하나라도 체크되었다면, 정리 방법보다 생활 습관부터 돌아볼 필요가 있다.

왜 문제인가?

정리되지 않은 공간은 단순한 지저분함을 넘어 가족 간 배려와 생활 리듬을 무너뜨리기 쉽다. 특히 현관, 주방, 거실의 무질서는 집을 쉼터가 아니라 스트레스의 장소로 만들고, 삶의 에너지를 빠르게 소진시킨다.

지금 쓰지 않는 물건은 앞으로도 쓸 일이 거의 없다. 짐을 덜어내면 공간과 마음이 가벼워지고, 컨디션을 끌어올리는 데 큰 도움이 된다. 정리는 미관의 문제가 아니라 삶의 리듬과 기력을 지키는 에너지 관리다.

메모하지 않는 습관

자신의 기억력을 과신해 메모나 기록을 하지 않는 사람이 있다. 그러나 시간이 지날수록 방금 떠올린 생각도 쉽게 잊어버리고 대화의 핵심도 왜곡되기 쉽다.

메모하는 것은 신뢰의 퍼포먼스라고 했다. 대화 중 상대가 메모하는 것을 보면 자신의 말에 귀를 기울여 주는 것 같아 신뢰가 간다.

특히 산책 중에 문장이나 단어가 떠오를 때가 있는데, 그 순간을 넘기면 잘 생각나지 않는다. 그러므로 그때그때 메모하는 습관을 들이는 것이 좋다. 휴대폰에 기록해도 좋고, 작은 메모장을 주머니에 넣고 다니며 수시로 적어도 된다.

필자는 핸드폰에 저장하는 것보다 작은 종이에 적는 것이 순발력이 빠르다. 그래서 A4용지를 접어 펜과 함께 주머니에 넣고 다니는데, 메모지 형식보다 실행이 중요하기 때문이다.

실제로 클라이언트와의 상담 때 접은 종이에 메모했더니, 다음 날 "메모하는 모습을 보고 믿음이 생겼다."며 컨설팅을 의뢰해 온 적도 있다.

기억에만 의존하는 순간, 중요한 생각은 사라지기 시작한다.

기억력을 과신하다 실수한 직원

박 계장은 기억력만큼은 남에게 뒤지지 않는다는 자부심이 있었다. 그래서 업무 지시를 받을 때도 머릿속으로 정리하면 충분하다고 생각했다. 동료들이 열심히 수첩에 기록하는 것을 보면 "저렇게까지 할 필요가 있을까?"라고 생각했다.

어느 날, 박 계장은 상사로부터 중요한 프로젝트의 업무를 지시받았다. 여러 가지 복잡한 사항이 많았지만, 그는 늘 하던 대로 머릿속으로만 내용을 정리했다.

며칠 뒤 진행 상황을 보고하는 자리에서 박 계장은 큰 실수를 했다. 팀장이 특히 강조했던 부분을 잘못 이해해 중요한 항목이 누락된 것이다. 상사는 박 계장의 보고서를 보며 질책했다.

"박 계장! 내가 몇 번이나 강조했는데, 이게 뭡니까?"

그는 순간 당황했고, 자신의 기억력을 과신했던 것이 얼마나 어리석었는지를 뼈저리게 느꼈다. 특히 보고서를 준비하기 전날 친구들과 과음했던 탓에 집중력과 기억이 흐려졌음을 떠올렸다.

그 일 이후 박 계장은 해당 프로젝트에서 역할이 제외되었다.

작은 메모 습관으로 비즈니스를 이끈 임원

김 이사는 일명 '메모 왕'으로 불렸다. 항상 작은 수첩과 펜을 가지고 다녔으며, 어떤 상황에서든 필요하다고 생각하는 것은 기록하는 습관이 있었다. 특히 사소한 아이디어나 대화 내용도 놓치지 않으려 했다.

한번은 잠재적 파트너사의 대표와 미팅을 갖게 되었다. 김 이사는 대표와의 대화 중에 업무적인 내용뿐 아니라 상대방이 무슨 음식을 좋아하고 취미가 무엇인지 개인적인 단서도 간단히 적어두었다.

다음 미팅 때 김 이사는 그 대표가 좋아한다고 했던 음식을 중심으로 식당을 예약해 두었다.

"지난번에 해산물을 좋아하신다고 하셔서요."

대표는 놀라며 "아니, 이사님은 그런 것까지 기억하세요?"라고 반응했고 이후 협의는 한층 매끄럽게 진행됐다. 상대는 김 이사의 메모 습관에서 준비성과 성의를 읽었기 때문이다.

나를 점검해 보기

☐ 중요한 지시나 약속을 메모 없이 기억에만 의존한다.

☐ 회의나 상담 후 "그때 뭐라고 했더라?"라고 다시 떠올리는 일이 잦다.

☐ 아이디어가 떠올라도 기록하지 않고 넘긴다.

☐ 상대가 말하는 동안 메모를 거의 하지 않는다.

☐ 메모 도구를 아예 갖고 다니지 않는다.

▶ 하나라도 체크되었다면, 기억의 문제가 아니라 기록 습관을 보완할 필요가 있다.

왜 문제인가?

메모하지 않으면 중요한 정보가 기억 속에서 누락되거나 왜곡되어 실수로 이어지기 쉽다. 그래서 메모는 실수를 줄이고 자신의 태도를 보여주는 가장 기본적인 습관이다.

"기억은 흐르고 기록은 남는다."는 말처럼, 떠오른 생각도 그때 적지

165

않으면 사라지거나 남의 것이 되고 만다.

반대로 대화 중 메모는 상대에게 "당신의 말을 소중히 여긴다."는 신호가 되어 존중과 신뢰를 차곡차곡 쌓는다.

일의 순서와 경중을 구분 못 하고

소중한 일부터 먼저 처리하는 습관은 성과를 좌우한다. 반대로 사소한 것에 지나치게 집착하면 시간과 에너지가 분산되고, 중요한 과제는 뒤로 밀리기 쉽다. 이런 상태가 반복되면 "내일 하면 되지"가 습관이 되어 결국 마감 직전에 몰아치며 급히 처리하게 된다. 서두른 결과는 대개 완성도가 떨어지고 평가도 함께 흔들린다.

요즘은 소확행이란 말이 유행이다. 일상에서 작지만 확실한 행복을 말한다. 하지만 소확행 때문에 일의 순서가 바뀔 것까지는 없다. 소확행은 오늘이 아니라도 언제든 누릴 수 있기 때문이다.

필자 역시 친구들과의 사적인 모임 때문에 의뢰인의 면담을 다음으로 미룬 적이 있다. 술 마시고 당구 치는 소확행이 먼저라고 생각한 것이다. 그러나 다음 날 연락하겠다는 사람은 끝내 전화를 주지 않았다. 나중에 들은 말이지만, 어느 대기업의 큰 프로젝트였다고 한다. 친구들의 만남은 언제든 이어갈 수 있었지만, 그 기회는 그날 이후 돌아오지 않았다.

소확행은
미뤄도 남지만,
중요한 일은
미루는 순간
사라진다.

운동선수들에게는 자신만의 루틴이 있어 버릇이나 습관 등에 민감한 편이다. 그러나 슬럼프가 되면 과감히 과거의 루틴을 버리고 새로운 폼에 적응하려 한다. 이때 사소한 것에 집착하면 슬럼프가 길어지곤 한다.

아침에 하루의 할 일을 경중과 순서로 정리해 보자. 가장 중요한 일을 먼저 처리하면 나머지는 상대적으로 정돈된다. 그렇게 우선순위가 분명해지면 오후는 한결 편안해진다.

지인은 아침에 샤워할 때 그날의 일과를 순서대로 정리한다고 한다. 필자는 아침 출근길에 청계천을 걸으며 그날의 일정을 계획한다.

박은미 과장은 회사에서 능력을 인정받았지만, 때때로 일의 경중을 가리지 못하고 사소한 것에 에너지를 쓰는 편이었다. 특히 최근에는 소확행에 몰입하면서 중요한 업무가 뒤로 밀리는 일이 잦았다.

다음 주 월요일까지 제출해야 하는 신사업 기획서가 있었지만, 박 과장은 주말 내내 '인생 라테'를 찾겠다며 카페를 돌며 각 커피의 맛과 향을 분석하고 사진을 찍어 SNS에 올리는 데 시간을 썼다.

기획서 자료를 모으는 과정에서도 핵심을 정리하기보다 글씨체와 색상, 레이아웃을 다듬는 데 더 많은 시간을 들였다.

사소한 부분에 집착하는 사이 정작 보고서의 뼈대 작업은 계속 미뤄졌다. 마감이 다가오자 그는 월요일 새벽까지 밤샘으로 급히 만들 수밖에 없었고 결과물의 완성도는 기대에 미치지 못했다.

결국 박 과장은 팀장에게 지적을 받았고 스스로도 "사소한 일에 매달리느라 정작 중요한 것을 뒤로 미뤘다."는 사실에 후회가 밀려왔다.

과도한 루틴 집착에서 벗어나 슬럼프를 극복한 프로골퍼

프로골퍼 박지훈 선수는 정확한 아이언 샷과 안정적인 퍼팅으로 명성이 높았다. 그는 매 샷 전 루틴이 철저한 선수였다. 바람을 여러 번 확인하고 어드레스를 반복하며, 연습 스윙과 심호흡까지 일정한 순서로 수행했다.

그런데 어느 시점부터 슬럼프가 시작됐다. 샷이 빗나가고 퍼팅도 흔들리자 박 선수는 루틴이 흔들렸기 때문이라고 생각해 오히려 루틴을 더 강박적으로 지키려 했다. 그러자 샷마다 시간이 길어지고 완벽하게 루틴을 수행해야 한다는 압박이 불안과 초조를 키웠다. 동반 선수들이 불편해해도 그는 루틴에만 매달렸다. 결과적으로 상황 판단은 흐려졌고 슬럼프는 더 길어졌다.

박 선수는 스포츠 심리 상담을 받으며 관점을 바꿨다. 상담사는 "루틴이 수단이 아니라 목표가 되어 버렸다."고 지적했다. 그리하여 박 선수는 루틴을 과감히 단순화했다. 바람 확인과 어드레스 반복을 줄이고, 샷 전 심호흡 한 번과 함께 "단순하게"라는 짧은 자기 지시만 남겼다. 무엇보다 루틴을 완벽히 수행하려는 집착을 내려놓고 지금의 샷에 집중하기로 마음을 바꿨다.

불필요한 긴장이 줄자 샷은 다시 안정됐고 퍼팅 성공률도 회복됐다. 그는 슬럼프에서 벗어났을 뿐 아니라 더 유연한 선수로 성장했다는 평가를 받았다.

때로는 변화를 받아들이는 것이 새로운 돌파구가 된다. 본질은 지키되 사소한 것에 집착하지 않는 태도가 필요하다.

나를 점검해 보기

☐ 아침에 오늘의 가장 중요한 일, 한 가지를 생각하지 않는다.

☐ 사소한 일부터 처리하며 핵심 과제를 미룬다.

☐ 형식(정리·자료·디자인)에 매달려 본질이 늦어진다.

☐ 루틴이나 디테일에 집착해 결정을 늦춘다.

☐ 시작이 늦어 마감 직전에 몰아치곤 한다.

▶ 하나라도 체크되었다면, 매일 아침 무엇부터 어떻게 시작할지 점검해 보자.

왜 문제인가?

일의 경중과 우선순위를 구분하지 못하면 노력은 많아도 성과는 따라오지 않는다. 그렇게 쌓인 분주함은 '열심히'라기보다 '실속 없는 바쁨'으로 인식된다. 무엇보다 업무의 맥락을 읽지 못한다는 인상이 생기면, 중요한 과제에서 차츰 배제된다.

결국 성과는 바쁨이 아니라 선택의 순서에서 갈린다.

우선순위를 세우고 먼저 처리하는 습관이 기회와 평가를 지킨다.

매일 매일 결심만 하는 사람

금연, 절주, 다이어트 같은 목표를 세워 놓고도 결심만 반복하다가 자포자기하거나 자기합리화로 빠지는 사람이 있다. 누구나 한 번쯤 겪는 일이지만, 결심이 실패로 끝나는 경험이 쌓이면 오히려 마음의 상처가 되고 스트레스가 된다.

그래서 처음부터 목표를 크게 잡지 않는 편이 좋다. 완벽하게 바꾸기보다 조금씩 감속하기로 시작하면 훨씬 쉽다. 책임지기 어려운 결심으로 스스로를 압박하기보다, 지킬 수 있는 작은 약속을 실천하는 습관을 만들어 보자.

예를 들어, 담배는 하루 한 갑에서 18개비로, 술은 2병에서 1.5병으로 줄이는 식이다. 물론 그마저도 지키지 못하는 날이 있다. 그럴 때마다 자책할 필요는 없다. 삶은 늘 계획대로 흘러가지 않는다. 다만 결심을 완벽이 아니라 조절 가능한 목표로 바꾸면 반복은 어느 순간 결과로 이어진다.

작심삼일 다이어트 늪에서 벗어난 여성

30대 중반의 수진 씨는 새해나 여름이 오기 전이면 늘 다이어트를 결심했다. 20대를 지나 활동량이 줄고 식욕이 늘면서 체중이 65kg까지 올라가 있었기 때문이다.

문제는 결심이 늘 원대했다는 점이다. "3개월 5kg 감량!", "매일 2시간 운동, 탄수화물 완전 차단!" 이런 목표를 세우면, 처음 며칠은 누구보다 열심히 했다. 샐러드로 버티고 퇴근 후 헬스장에서 땀을 흘렸다.

하지만 과도한 운동량과 식단 제한은 오래가지 못했다. 며칠이 지나면 지쳐 무너졌고 목표를 지키지 못했다는 자책감이 스트레스로 쌓였다. "난 왜 이렇게 의지가 약할까?"라는 자기 비난 끝에 "스트레스 받았으니 먹고 풀자."는 합리화로 폭식이 이어

173

지기 일쑤였다.

결심이 동력이 아니라 상처가 된 셈이다.

수진 씨는 반복된 실패 끝에 방향을 바꿨다. 크게 바꾸는 결심 대신 천천히 감속하는 습관을 선택한 것이다. 목표를 두 달 1kg 감량으로 대폭 낮추고 운동도 매일 30분 걷기로 바꿨다. 식단은 저녁 8시 이후 금식을 기본으로 하되 일주일에 한 번은 좋아하는 음식을 먹기로 했다.

물론 중간에 흐트러지는 날도 있었다. 비가 와서 걷기를 건너뛰기도 했고 모임에서 8시 이후 과식하기도 했다. 예전 같았으면 "에라! 모르겠다."로 끝났겠지만, 이제는 "오늘은 어쩔 수 없었어. 내일 다시 하면 돼."라고 자신을 다독였다.

그렇게 1년을 이어가자 4kg 감량에 성공했다. 목표치를 달성한 것은 아니지만, "나도 할 수 있다."는 자신감이 생겼다.

이제 수진 씨는 자책보다 조절을 선택하며, 목표 체중을 향해 꾸준히 나아가고 있다.

서서히 줄이면서 금연에 성공한 아빠

김 부장은 20년 가까이 흡연을 해 왔다. 아내와 아이들은 늘 금연을 바랐고 김 부장도 매년 결심했지만, 번번이 실패했다. 특히 술을 마실 때 흡연량이 늘었고 어느 순간부터 숙취가 오래가 출근 컨디션이 무너지는 날이 생겼다. 그는 "담배만이라도 줄여야겠다."는 마음으로 다시 결심했다. 하지만 하루 이틀만 지나도 금단현상으로 스트레스가 심했고 중요한 회의나 업무 압박이 오면 쉽게 무너졌다.

"스트레스 때문에 병나느니, 차라리 담배 한 대 피우는 게 낫지."

"이번 프로젝트만 끝나면 무조건 끊는다."

이런 말로 자신을 합리화하며 다시 흡연으로 돌아갔다.

실패가 반복될수록 결심은 상처가 되고 가족도 기대를 접었다.

그러던 어느 날, 김 부장은 딸의 권유로 방식을 바꿨다. 완전 금연 대신 서서히 줄이기를 목표로 삼은 것이다. 하루 한 갑(20개비) 피우던 것을 다음 주는 18개비, 그다음 주는 16개비로 줄이기로 했다.

또 아침에 일어나자마자 피우던 담배를 아침 식사 후로 미루는 식으로 습관의 타이밍도 조정했다.

처음엔 쉽지 않았다. 약속한 개수를 넘기기도 했고, 아침에 눈 뜨자마자 담배를 물기도 했다. 그러나 그는 자신을 다그치지 않았다. 대신 "오늘은 힘들었지만, 내일 다시 줄이면 돼!"라고 마음을 바로잡았다.

이렇게 작은 목표가 누적되자 1년 만에 흡연량이 13개비까지 줄었다. 가족의 잔소리도 격려로 바뀌었고, 무엇보다 술을 마신 다음 날 숙취가 전보다 덜하다는 변화를 체감하면서 자신감이 붙었다. 그 힘으로 마지막 피치를 올린 끝에 2년 만에 완전한 금연에 성공했다.

김 부장은 이제는 담배 냄새만 맡아도 고개를 절레절레 흔들 지경이 되었다.

■ 나를 점검해 보기

☐ 새해, 월초마다 "이번엔 무조건"을 외치지만, 실행은 며칠 못 간다.

☐ 목표를 크게 잡고(완전 금연·완전 절주·매일 2시간 운동) 시작한다.

☐ 하루만 흐트러져도 "난 역시 안 돼!"라며 통째로 포기한다.

☐ 실패 후 자책 → 스트레스 → 폭식/흡연/과음으로 되돌아간다.

▶ 하나라도 체크되었다면, 결심을 완벽이 아니라 감속으로 바꾸고 실패해도 다음 행동부터 다시 시작하자.

왜 문제인가?

결심과 실패가 반복될수록 자신감은 약해지고, 결심 자체가 스트레스와 자책의 원인이 된다. 그러다 보면 변화를 시작하기도 전에 포기하거나 다시 자기합리화로 돌아가기 쉽다.

문제는 의지가 아니라 설계다. 완벽을 요구하는 결심은 오래 버티지 못한다. 반면 지킬 수 있는 작은 약속은 어겨도 다시 시작할 수 있는 여지를 남긴다. 결국 변화는 큰 다짐이 아니라 작은 실행을 반복하는 구조에서 만들어진다.

소음 유발자의 소란과 잡음

자전거를 타거나 길을 걸으면서 음악을 크게 틀고 다니는 사람이 있다. 공공장소에서도 핸드폰을 큰 소리로 재생한다. 본인은 "내가 즐기면 그만"이라고 생각할지 모르지만, 주변 사람에게는 휴식과 집중을 깨는 소음 공해일 뿐이다. 배려가 빠진 소리는 결국 갈등을 부른다. 내가 만든 소음이 반발과 민원, 감정의 골로 되돌아오면서 소란의 고리를 만들기 때문이다.

아는 사람 중에 목소리가 유난히 큰 사람이 있다. 그는 자기 스타일이라 여기지만, 주변 사람들은 "가까이 있으면 피곤하다."는 인상을 받아 자연히 거리를 둔다. 실제로 목소리가 커지는 순간, 대화가 언쟁으로 번지는 일이 잦고 그럴수록 관계는 더 거칠어진다.

소음이 또 다른 소란을 부르는 것이다.

내 귀에 좋은
소리가
모두에게는
소음이
될 수 있다.

나 혼자 즐기면 그만이라고 생각한 청년

20대의 태현 씨는 음악 감상을 좋아했다. 특히 힙합이나 댄스 음악처럼 비트가 강하고 음량이 큰 음악을 선호했다. 문제는 그 음악을 혼자 조용히 듣는 것이 아니라 공공장소에서도 크게 틀어놓는 습관이 있다는 것이다. 그는 거리를 걷거나 자전거를 탈 때 핸드폰 스피커나 작은 블루투스 스피커로 음악을 크게 틀어놓고 다녔다. 지나가는 사람들은 그의 음악 소리에 귀를 찌푸리거나 불편한 시선을 보냈다.

태현 씨는 대중교통에서도 이어폰 대신 스피커로 영상과 음악을 틀어놓곤 했고 조용한 카페에서도 크게 다르지 않았다. 그는 자신만 들을 수 있는 정도의 소리라고 생각했지만, 그조차 주변 사람들에게는 방해되는 소음이었다.

어느 날 카페에서 누군가 "죄송하지만 소리를 줄여주실 수 있나요?"라고 정중히 요청했지만, 태현 씨는 "이 정도 소리도 이해 못 해요?"라는 식으로 반응했다. 그 일로 비슷한 나이 또래의 젊은이들과 카페에서 시비가 붙어 싸움이 벌어졌고 소송이 진행 중이라고 한다.

배려 없는 소음이 소란을 부르고 소송으로 번진 것이다.

자신의 소음이 메아리처럼 돌아온 민폐 남

인호 씨는 다세대주택에서 밤늦게까지 피아노를 치곤 했다. 또 주말 아침에는 10시쯤 자기 집 거실에서 노래를 부르기도 했다. 성악을 전공했다는 것을 은근히 드러내고 싶었던 것인지, 그의 피아노 소리와 노래는 집 밖 길가에서도 들릴 정도였다.

처음에는 아랫집과 옆집에서 정중하게 소음 자제를 요청했다.

"죄송하지만 아이가 잠들 시간이니 피아노 소리를 줄여주세요."

"남들 쉬는 휴일 아침에는 노래를 삼가해 주세요."

하지만 인호 씨는 "내 집에서 문 닫고 부르는데, 무슨 상관이냐?"며 되레 화를 내거나 대수롭지 않게 넘기기 일쑤였다. 그런 태도에 이웃들은 길에서 그를 마주칠 때마다 날카로운 시선을 보냈고, 그의 집 문 앞에 경고장이 붙는 일까지 벌어졌다.

결국 주변과의 관계는 완전히 끊어졌고 사소한 마주침도 시비

나는 돈(Money)입니다

로 번질 만큼 분위기가 거칠어졌다. 배려 없는 소리가 갈등이 되어 메아리처럼 돌아온 사례였다.

이후 그는 다른 곳으로 이사했지만, 비슷한 이유로 그곳에서도 다툼이 잦다고 한다. 소음에 대한 감각을 바꾸지 않는다면 언젠가 더 큰 문제로 번질 수 있다.

나를 점검해 보기

□ 이어폰 없이 공공장소에서 영상이나 음악을 재생한 적이 있다.

□ "내가 즐기면 그만"이라는 생각으로 음량을 대충 정한 적이 있다.

□ 자전거/산책/운전 중 음악을 크게 틀어 주변의 시선을 받은 적이 있다.

□ 누군가 "소리를 줄여달라."고 말했을 때, 기분이 상해 방어적으로 반응한 적이 있다.

□ 목소리가 크다는 지적을 받아도 "원래 이렇다."며 넘긴 적이 있다.

▶ 하나라도 체크되었다면, 오늘부터 볼륨을 한 단계 낮춰 불필요한 갈등을 줄여보자.

왜 문제인가?

공공장소에서의 소음은 타인의 휴식과 집중을 침해하는 행동으로 받아들여지기 쉽다. 본인은 사소한 것이라 여겨도 주변에는 불쾌감과 피로가 될 수 있다.

결국 배려 없는 소리는 즐거움이 아니라 부담을 남기고, 고립과 평판 손실로 되돌아온다. 따라서 공공의 공간에서는 내 기준보다 타인의 기준을 먼저 고려해야 한다. 그것이 공동체를 살아가는 최소한의 예의다.

운동에 게으른 것은 자기 학대

운동을 거의 하지 않고 지내는 것은 자기 몸을 학대하는 것과 다르지 않다. 그러면서 건강하기를 바라는 것은 자기모순에 가깝다. 특히 젊음을 믿고 운동을 미루는 경향이 있는데, 젊음이 건강을 보장해 주지는 않는다. 운동 부족 습관은 나이가 들수록 병으로 드러나고 결국 가족에게 부담으로 돌아가게 된다.

시간이 없으면 출퇴근 때 한 정거장 전에 내려서 걷거나 혹은 지하철 승강장에서 계단만 걸어도 운동이 된다.

몸은 당신의 노력을 기억하며, 반드시 받은 만큼 돌려준다.

체중과 지병이 겹치며 삶이 급격히 무너진 남성

과체중인 사람이 모임에 잘 참석하지 않아 연락해 보니 심혈관에 이상이 생겨 스텐트 시술을 받았다고 한다. 이후에도 체중이 더 늘면서 무릎에 인공관절을 했고, 끝내 당뇨 합병증으로

60세도 안 되어 세상을 뜨고 말았다. 처음에는 "바빠서", "나중에 관리하면 되지"라고 미루었던 시간이 뒤늦게 큰 대가로 돌아온 것이다.

몸은 쉬고 있지만, 건강은 쉬지 않고 멀어진다.

코미디언 중에 풍자 개그로 큰 인기를 누리던 사람이 있었다. 스스로 '전국 비만인협회 회장'을 자처할 정도로 체중이 100kg이 넘었다. 처음에는 개그맨이 되기 위해 살을 찌웠지만, 나중에는 살이 빠지지 않아 크게 후회했다고 한다. 뒤늦게 체중을 줄이기 위해 안간힘을 썼으나 이미 누적된 지병을 극복하지 못하고 45세에 세상을 떠나고 말았다.

힘든 운동이 부담스럽다면 천천히 걷는 것부터 시작하자.

걷기는 몸을 살리고 생각까지 맑게 해주는 가장 현실적인 기본기다.

젊음만 믿고 운동을 게을리하다 후회한 남성

30대의 시훈 씨는 학창 시절부터 축구를 꾸준히 해왔기에 자신의 건강을 크게 걱정하지 않았다. 그러나 회사에서는 앉아서 일하는 시간이 대부분이었고, 퇴근 후에는 배달 음식으로 끼니를 때우며 웹서핑을 하거나 게임을 하는 것이 일상이었다.

시훈 씨는 젊었을 때의 탄탄한 몸을 믿고 몇 년간 운동을 거의 하지 않았다. "바쁘다." "피곤하다." "주말에 몰아서 해야지." 등의 핑계를 대며 간단한 운동조차 귀찮아했는데, 자신의 젊음을 과신했던 것이다.

처음에는 별문제가 없는 듯했다. 그러나 서서히 변화가 나타났다. 조금만 걸어도 숨이 차고 회복이 느려졌으며, 걸음도 예전 같지 않았다. 밤에는 깊게 잠들기 어려웠고 아침에는 개운함 대신 피로가 남았다.

30대 후반에 접어들면서 그는 몸이 급격히 달라지고 있음을 실감했다. 건강검진 결과는 충격적으로 고혈압·고지혈증·당뇨병 진단을 받았다. 의사는 운동 부족과 식습관 불균형으로 인한 만성질환이 이미 시작됐다며 강력하게 운동을 권고했다.

그제야 시훈 씨는 "젊을 때 운동을 조금씩이라도 할 걸."하는 후회가 밀려왔다. 몸에 이상이 생기니 일상생활에도 많은 지장을 초래했다. 무엇보다 당뇨로 인해 성생활이 힘들어지자 그의 자존감은 형편없이 추락하고 말았다.

그러나 회복은 생각보다 더디었다. 계속해서 시력 저하가 나타나고 체중이 늘면서 등산은 엄두도 내지 못했다. 자연히 친구들과의 만남도 줄어들었다.

그는 뒤늦게 깨달았다. 운동은 나중에 하는 옵션이 아니라 지금의 삶을 지탱하는 기초적인 토대라는 것을.

나를 점검해 보기

☐ 최근 2주 동안 바쁘다는 이유로 운동을 3번 이상 미뤘다.

☐ 하루 대부분을 앉아서 보내고 걸음 수가 크게 줄었다.

☐ 아침에 개운하지 않고 피로가 늘 남아 있다.

☐ 체중과 혈압, 혈당 등 건강 지표를 나중에 확인하겠다고 넘긴다.

☐ 건강 걱정은 늘었는데, 생활 패턴은 그대로다.

▶ 하나라도 체크되었다면, 운동은 의지가 아니라 일상의 기본 루틴으로 재설정해야 한다.

왜 문제인가?

운동 부족은 단순히 체력이 떨어지는 문제가 아니라 삶의 전반을 서서히 무너뜨리는 시발점이 된다. 몸이 약해지면 집중력과 감정 조절이 흔들리고 일의 효율과 인간관계에도 균열이 생긴다.

더 큰 문제는 그 변화가 눈에 띄지 않게 진행된다는 점이다. 증상이 분명해졌을 때는 이미 회복에 많은 시간과 비용이 들고, 그 부담은 결국 가족에게까지 옮겨간다.

운동은 선택이 아니라 건강과 존엄을 지키는 최소한의 자기 관리다. 오늘의 10분이 내일의 검진표를 바꾼다.

책과 거리가 멀고

책은 우리가 직접 경험하기 어려운 다양한 세계와 시대, 사상, 그리고 문제 해결 방식을 간접적으로 만나게 해준다. 그런데 책을 사놓고도 한 달이 지나도록 10페이지를 넘기지 못하는 사람이 있다. 그렇게 책은 책장 속에서 먼지만 쌓여간다.

장편이 부담스럽다면 웹툰, 에세이, 수필, 단편처럼 가벼운 글부터 시작해 독서 근육을 키우면 된다.

책은 장소에 상관없이 틈틈이 짬을 내서 읽는 습관이 중요하다. 하루에 3~4페이지라도 읽다 보면 어느 틈에 책 한 권을 떼게 되는데, 오늘의 10분이 한 달 뒤 한 권이 된다.

필자는 어려운 전문 서적을 읽을 때, 한 권을 완독하는 데 1년이 넘게 걸린 적이 있다. 하지만 다시 읽을 때는 6개월, 그다음에는 3개월, 1개월로 읽는 속도가 눈에 띄게 단축되었다. 그렇게 같은 고전을 20번 넘게 반복해 읽으면서 그 분야를 더 깊이 이해하게 되었다.

책은 열려 있지만,
생각은 닫혀 있다.

TV와 PC를 끄면 책이 보이고

수진 씨는 어릴 때부터 책을 가까이하지 않았다. 학창 시절에는 문제집만 붙잡고 살았고, 성인이 된 후에는 스마트폰이 손에서 떨어지지 않았다. 자기계발서나 베스트셀러를 보면 "나도 저런 책을 읽고 변해야 하는데."라는 생각에 종종 책을 구입했지만, 한 달이 되어도 10페이지를 넘기지 못하는 경우가 많았다. 결국 그녀는 독서는 자신과 맞지 않는다고 포기한 상태였다.

어느 날 수진 씨는 선배로부터 "장편의 책을 읽기 싫으면 단편 소설이나 수필집을 보면서 독서의 습관을 키워봐."라는 조언을 들었다.

수진 씨는 평소 웹툰을 즐겨 보던 터라 이 조언에 용기를 얻었다. 출퇴근길 지하철에서 스마트폰으로 웹툰을 보던 시간을 조금씩 줄이고, 대신 웹소설이나 에세이 같은 가벼운 콘텐츠를 보기 시작했다. 재미있는 콘텐츠는 끝까지 읽는 자신의 모습을 보며 "나도 텍스트를 읽을 수 있구나."라는 작은 성취감을 느꼈다.

가벼운 읽을거리에 익숙해지자 그녀는 종이책에도 서서히 흥미를 갖게 되었다. 그리고 책은 틈틈이 짬을 내서 읽는 습관이 중요하다는 것을 깨달았다.

TV와 PC를 끄고 침대 머리맡에 책을 두었다가 잠자기 전 10분 만이라도 책을 펼쳤다. 화장실에 갈 때도 책을 들고 갔고, 고속버스를 타고 여행을 갈 때면 책을 펼쳤다. 그러자 놀랍게도 오늘의 10분이 한두 달 뒤 한 권이라는 말이 현실이 되었다.

꾸준히 책을 읽으면서 수진 씨는 독서에 대한 자신감을 얻게 되었고 점차 다양한 분야로 독서의 폭을 넓혀갈 수 있었다. 어느덧 그녀는 두 달에 책 한 권을 읽는 독서광이 되었다.

매일 10분으로 독서의 즐거움을 찾은 여성

민아 씨는 베스트셀러를 사놓고도 한 달이 지나도록 펼치지 못하는 일이 잦았다. 스마트폰 스크롤은 수백 페이지를 넘겨도 종이책 10페이지 읽는 것은 왜 그리 힘들던지.

그녀는 늘 독서에 대한 막연한 죄책감과 부담감을 가지고 있었다.

어느 날 민아 씨는 매일 작심만 하는 굴레에서 벗어나고자 결심했다. 그녀는 처음부터 장편을 목표로 하지 말고, 가벼운 책으로 시작해 보자고 마음먹었다. 서점에서 평소 관심 있던 작가의 짧은 단편소설(100페이지 분량) 한 권을 구매했다. 그녀에게는 100페이지도 거대한 산처럼 느껴졌지만, 하루에 3~4페이지라는 최소한의 목표는 부담을 덜어주었다.

민아 씨는 아침에 출근 준비를 마친 후, 커피 한 잔과 함께 10분만 책을 읽기로 했다.

1주 차: 처음에는 억지로 앉았지만, 3~4페이지는 생각보다 읽기 쉬웠다. 오히려 10분이라는 짧은 시간 안에 읽을 수 있어 성취감이 느껴졌다. 가끔은 이야기에 빠져 10페이지를 읽기도 했다. 물론 때로는 늦잠을 자거나 혹은 저녁에 친구들과 모임 때문에 책을 전혀 못 보는 날도 없지는 않았다.

2주 차: 출근길 지하철 안에서 스마트폰 대신 책을 펼치는 자신을 발견했다. 어제 읽던 부분이 궁금해 자연스러운 호기심이 생겼고 짬짬이 몇 페이지를 더 읽었다. 때로는 문장 하나가 마음에 들어 메모하는 습관도 생겼다.

3주 차: 저녁 식사 후 습관적으로 틀던 TV를 끄고 책을 읽기 시작했다. 잠이 오지 않을 때 침대에서 책을 펼치면 오히려 마음이 편안해지면서 숙면에 도움이 되는 것을 느꼈다.

4주 차: 책의 분량은 이제 얼마 남지 않았다. 이야기가 절정에 달하면서 다음 내용이 너무 궁금해 하루 10페이지 이상을 읽는 날도 생겼다. 그리고 30일째, 민아 씨는 100페이지 분량의 단편소설을 끝까지 읽는 데 성공했다.

민아 씨는 책과 거리가 멀었던 자신이 한 달 만에, 그것도 부담 없이 즐기면서 책 한 권을 뗐다는 사실에 놀랐다.

이후 민아 씨는 더 이상 책이 어렵고 딱딱한 것이 아니라 자신을 위로하고 성장시키는 친구로 여기게 되었다.

어느새 그녀는 다음 책을 펼치고, 조금 더 긴 장편소설이나 고전문학을 읽는 자신을 발견하며 독서의 지평을 넓혀가고 있다.

나를 점검해 보기

☐ 회의나 발표, 대화에서 표현력 부족으로 손해 본 경험이 있다.

☐ "바빠서", "피곤해서"라는 이유로 독서를 늘 뒤로 미룬다.

☐ 말이나 글로 내 생각을 설명할 때, 단어가 자주 막힌다.

☐ 끝까지 완독한 책이 최근 1년간 거의 없다.

☐ 책을 읽어야 한다는 생각만 해도 부담부터 느껴진다.

▶ 하나라도 체크되었다면, 독서를 매일 10분이라는 최소 단위 습관으로 낮춰 다시 시작해 보자.

왜 문제인가?

책을 읽지 않으면 다음과 같은 일이 생기기 쉽다.

제한된 경험과 정보에만 의존해 관점이 좁아지고, 융통성 없는 해결책을 고집할 수 있다.

피상적인 정보에 휩쓸려 특정 관점에 쉽게 동조하고, 거짓 정보에도 흔들리기 쉽다.

타인의 입장을 헤아리거나 감정을 이해하는 데 어려움을 느끼고, 그로 인해 대인관계에서 섬세함이 부족해질 수 있다.

어휘력이 부족해 자기 생각을 정확하게 표현하는 데 어려움을 느끼게 된다. 이는 업무 발표나 중요한 대화에서 불리하게 작용한다.

이처럼 독서를 멀리하면 준비가 부족한 사람으로 비치기 쉽고, 그 결과 기회와 신뢰에서 뒤처진다. 반면 독서는 지식을 늘리는 데 그치지 않고, 사고의 깊이와 삶의 선택을 끌어올리는 가장 확실한 훈련이다.

우울·감상 일변도 콘텐츠 몰입

생각은 말이 되고, 말은 행동이 되며, 행동은 습관이 된다. 습관은 성격이 되고, 성격은 삶의 방향을 만든다. 우울하고 감상적인 음악을 듣는 것 자체가 문제는 아니다. 다만 그런 정서에 계속 머물면 마음의 톤이 한쪽으로 기울기 쉽다. 가능하다면 의식적으로 밝고 희망적인 노래, 건강한 메시지가 담긴 콘텐츠로 균형을 맞추자.

위로를 듣고 있지만, 마음은 더 가라앉는다.

1970년대 대한민국은 새마을운동을 통해 낙후된 경제를 일으키려는 전국적인 캠페인을 벌였다. 당시 각지에서는 〈잘살아 보세〉 노래가 울려 퍼졌다.

"잘살아 보세, 잘살아 보세, 우리도 한번 잘 살아보세~~"

그 이후 우리나라의 경제력은 놀랄 만큼 성장을 거듭하면서 노랫말처럼 잘사는 나라가 되었다.

멜랑콜리한 노래를 즐겨 부르던 사람

감상적인 이별 노래를 즐겨 부르던 사람이 있었다. 멜랑콜리한 분위기가 멋이라고 생각해서 노래방에 가면 늘 같은 레퍼토리를 불렀고 친구들조차 그의 선곡을 외울 정도였다.

그러던 어느 날, 그는 예상치 못한 상실을 겪었다. 사랑하던 사람이 갑자기 세상을 떠난 것이다. 그 일을 겪은 뒤 그는 깨달았다.

"내가 머무는 분위기가 결국 내 하루를 지배한다."는 것을.

그는 그 후로 노래의 결을 바꿨다. 밝고 희망적인 노래를 의식적으로 골랐고 표정과 말투도 조금씩 달라졌다. 물론 노래 한 곡이 인생을 결정하진 않는다. 그러나 어떤 정서를 반복해 입력하느냐는 삶의 리듬과 태도에 분명한 영향을 준다.

입력이 바뀌면 결과도 바뀌게 된다.

여류 풍수 컨설턴트 '마리 다이아몬드'의 조언

다음은 책 《시크릿》에 소개된 내용을 정리한 것이다. 이 책은 호주 출신 작가 론다 번(Rhonda Byrne)*이 집필했으며, 전 세계적으로 큰 반향을 일으켰다.

미국의 풍수 컨설턴트 마리는 어느 유명 영화감독의 집에 초대받았다. 집 곳곳에는 감독이 직접 그린 천을 두른 여인의 나신 그림이 여러 점 걸려 있었는데, 공교롭게도 그림 속 여인들은 모두 고개를 돌린 채 정면을 바라보지 않고 있었다. 마리는 그림을 보며 "여인들이 당신을 외면하는 분위기네요. 혹시 연애 쪽에 지장이 있지 않나요?"라고 물었다.

그 말에 감독은 "무슨 천리안이라도 있나요?"라며 깜짝 놀랐다. 실제로 그의 주변에는 아름다운 여인들이 많았지만, 관계가 연애까지 이어지지 않았던 것이다. 그는 농담 반 진담 반으로 "일주일에 세 명과 데이트하고 싶습니다."라고 말했다.

그러자 마리는 "그렇다면 집 안의 분위기를 바꿔보세요. 세 여인과 데이트하는 장면을 그려서 집 곳곳에 걸어두는 겁니다." 라고 조언했다. 조언대로 감독은 세 여인과 데이트하는 그림을 그려 거실에 걸었다.

---

* 지은이 론다 번, 옮긴이 김우열, 『시크릿』, 살림출판사, 2007. 책은 전 세계 45개 이상의 언어로 번역되어 1,900만 부 이상이 판매되었다.

6개월 뒤, 마리는 다시 감독을 만나 근황을 물었다.

"요즘은 연애가 어때요?"

감독은 싱글벙글 웃으며 "그림을 바꿔 걸고 나서 정말로 일주일에 세 여인과 데이트하고 있습니다."라고 답했다.

마리는 "집 안의 이미지가 마음가짐과 행동을 좌우할 수 있습니다. 이전 그림의 분위기가 당신이 원하는 것을 가로막았던 겁니다."라고 말했다.

환경과 이미지가 생각과 태도에 영향을 주고 결과로 이어질 수 있음을 보여준다.

나를 점검해 보기

☐ 최근 한 달 동안 슬픔과 이별 관련 콘텐츠 비중이 늘었다.

☐ "다들 행복한데 나만…" 같은 비교가 잦아지고 말수가 줄었다.

☐ 밝은 콘텐츠를 보면 오히려 어색하거나 거부감이 든 적이 있다.

☐ 허무 정서 콘텐츠를 보고 난 뒤, 우울감이 오래 지속된 적이 있다.

☐ 집과 방의 분위기가 전반적으로 어둡거나 침잠한 톤이다.

▶ 하나라도 체크되었다면, 콘텐츠나 공간이 감정의 방향을 고착시키는지 점검하고, 밝은 톤을 의식적으로 섞어 균형을 회복할 필요가 있다.

왜 문제인가?

우울하고 감상적인 콘텐츠에 지속적으로 몰입하면 감정의 기준선이 낮아지기 쉽다. 처음에는 위로가 되는 듯하지만, 반복될수록 생각과 말, 행동이 우울한 흐름으로 바뀌어 간다.

그 결과 변화하려는 힘보다 '익숙한 우울'에 머무는 쪽으로 기울기 쉽다. 특히 집이나 방처럼 오래 머무는 공간의 이미지와 콘텐츠는 무의식에 더 깊이 작용해 삶의 리듬을 무겁게 만든다.

환경을 그대로 둔 채 의지만으로 분위기를 바꾸기는 어렵다. 그래서 감정 관리는 마음가짐보다 먼저, 무엇을 보고 듣는지와 어떤 분위기에서 지내는지를 조절하는 데서 시작된다.

제 5 장

운은 태도 위에 쌓이고, 태도 위에서 무너진다
-성찰 없는 사고방식과 위험한 선택의 대가-

어떤 사람은 늘 "운이 없다."고 말한다. 그러나 조금만 가까이서 보면, 운이 달아날 만한 습관을 매일 반복하고 있는 경우가 많다.

남의 것을 함부로 쓰고, 감사에 인색하고, 책임을 남에게 돌리고, 나이를 권위로 앞세우고, 위험을 대수롭지 않게 여기며, 한 방을 꿈꾸는 삶을 멋으로 포장한다. 이 태도들은 순간에는 편하고 통쾌할지 모르지만, 시간이 지날수록 신뢰·건강·기회라는 가장 중요한 자산을 갉아먹는다.

특히 '팔방미인'의 허상과 '짧고 굵게'의 허세는 그럴듯한 말로 자신을 속이기 쉽다. 그러나 깊이 없는 다재다능함은 선택받지 못하고, 책임 없는 호탕함은 결국 가족과의 관계를 불안에 빠뜨린다.

삶은 말처럼 낭만적으로 흘러가지 않는다.

결국 남는 것은 결과이며, 결과는 태도의 총합이다.

이 장은 독자에게 엄격한 잣대를 들이대려는 것이 아니다. 오히려 따뜻한 경고에 가깝다. 잘못된 태도는 누구에게나 있지만, 그 태도를 고치지 않는 순간부터 인생은 같은 실패를 반복한다.

운은 하늘에서 떨어지는 선물이 아니라 신뢰할 만한 사람에게 자연히 모여드는 흐름이다. 그 흐름을 살리고 싶다면 가장 먼저 태도를 바로 세워야 한다.

남의 것 아낄지 모르는 태도

남의 것을 아끼지 못하는 사람은 공공의 자원을 "내 것 아니니 괜찮다."는 생각으로 쉽게 낭비한다. 음식점에서 욕심껏 더 시켜 놓고 손도 대지 않은 채 남기거나, 공중목욕탕에서 수도꼭지를 잠그지 않아 물을 흘려보내는 식이다.

문제는 이런 태도가 단순한 습관을 넘어 신뢰 부족으로 읽힌다는 점이다. "남의 것은 함부로 해도 된다."는 습관은 직장과 사회에서 그대로 드러나고 결국 그 사람의 책임감과 인성까지 의심받게 만든다.

특히 법인카드는 회사의 공적 업무를 위해 사용해야 하는 자산이다. 이를 개인의 비상금처럼 여겨 유흥비나 가족 외식비로 사용하는 행위는 타인의 자산을 가볍게 여기는 태도다. 처음에는 소액으로 시작했더라도 안일함이 쌓이면 경계는 쉽게 무너져 도를 넘기기 쉽다.

더 큰 문제는 법인카드 사용 내역이 기록으로 남는다는 점이다. 내부 감사 시스템의 점검, 동료나 직원의 제보, 혹은 우연한 계기를 통해 부적절한 사용이 드러날 수 있다. 그 순간부터는 단순한 실수가 아니라 윤리 문제로 번지고, 때에 따라서는 법적 분쟁으로까지 이어질 수 있다.

남의 것을 대하는
태도는 곧
나의 수준이다.

비품 사용에 무심했던 직원의 평판 하락

이 대리는 회사 예산과 비품을 마치 주어진 만큼 써도 되는 것처럼 대했다. 복사 용지를 필요 이상으로 출력하고 펜이나 일회용품을 무심코 챙겨 가는 일도 잦았다.

처음엔 누구나 "한두 번은 그럴 수도 있지."하고 넘어갔지만, 반복되자 동료들 사이에 "사소한 것에 욕심을 낸다."라는 인식이 생겼다. 본인 돈에는 인색하면서 회사 자원에는 무감각한 태도가 겹쳐 보였던 것이다.

그 결과 팀 내 평판은 서서히 나빠졌고 협업에서 신뢰를 얻지 못했다. 결국 기회가 돌아오는 순간마다 동료들의 지지를 얻지 못했다.

작은 낭비와 무심함이 사람의 '평판 잔고'를 조용히 깎아내린 것이다.

생수 한 병의 유혹이 무너뜨린 배려

서울시 일부 공원에서는 여름철 한 달가량 공원 이용객에게 생수 한 병을 나누어 준다.* 온열 질환을 예방하려는 행정당국의 배려다. 공원 한편에 냉장고를 두고 하루 두 차례 생수를 채워 넣었으며, 1인 1병만 가져가라는 안내문도 붙여 두었다.

그런데 몇몇은 욕심을 내 2~3병씩 챙겨 가곤 했다. 누군가가 "한 사람당 한 병만 가져가세요."라고 말하면, "당신 것도 아닌데 왜 참견이냐?"며 막무가내로 가져가기도 했다. 이런 일이 반복되자 담당 기관은 아예 인력을 붙여 냉장고를 관리하게 했다. 그러자 또 다른 방식의 꼼수가 나타났다. 한 번에 많이 가져가는 대신, 시간을 두고 다시 와서 한 병씩 여러 차례 가져가는 식

---

* 운영 방식과 기간은 공원·지자체별로 다를 수 있다.

이었다.

결국 물이 급한 사람들은 냉장고 앞에서 빈손으로 돌아서기 일
쑤였다. 작은 생수 하나가 공원을 서로를 의심하고 감시하는
공간으로 바꾸어 놓았다. 배려가 사라지는 순간, 공동체가 얼
마나 빠르게 삭막해지는지를 보여준다.

나를 점검해 보기

☐ 남의 것이나 회사 것에 대해서는 절약 기준이 느슨해지는 편이다.

☐ 음식점에서 욕심껏 주문해 놓고 남기는 일이 종종 있다.

☐ 공공장소에서 수도와 조명 등을 점검하고 끄는 습관이 약하다.

☐ 내 행동이 남의 눈에 이기적이고 염치없음으로 보일 수 있다는 점
을 자주 잊는다.

☐ 법인카드나 공용비용을 "이 정도는 괜찮겠지."라며 사적으로 쓸
유혹을 느낀 적이 있다.

▶ 하나라도 체크되었다면, 오늘부터 공용 자원 사용 기준을 '내 돈'
수준으로 맞춰보자.

왜 문제인가?

공공 자원과 회사 자산을 가볍게 여기는 태도는 단순한 절약 의식의
문제가 아니다. 이는 타인이 감당해야 할 비용과 수고를 가볍게 여기

는 태도로 해석되며, 주변에서는 그 사람의 윤리의식과 인성까지 함께 의심하게 된다. 특히 법인카드 남용처럼 기록이 남는 행동은 한 번 드러나면 변명의 여지가 없고 주홍글씨처럼 오래 남는다.

신뢰를 쌓는 데는 오래 걸리지만, 무너지는 것은 한순간이다.

공용 자원은 누군가의 돈과 시간이라는 전제 아래, 사용 전 한 번 더 생각하는 습관을 들이자.

감사에 인색하고 고마움 표현 부족

감사할 줄 모르는 사람에게는 두 번 다시 친절을 베풀지 않는다. 더 중요한 것은 감사할 줄 모르는 사람에게는 진짜 감사할 일도 사라진다는 점이다. 사소한 메시지에도 감사할 줄 알면 상대방은 기억하고 친절을 또 베풀게 되니 감사가 신뢰가 되어 웃는 일이 점점 많아진다.

경조사에 다녀와도 아무런 피드백이 없거나 혹은 복사해 붙인 듯한 형식적인 메시지로 보내면 상대는 그 사람의 진정성을 느끼기 어렵다. 메시지로 감사의 표시를 하려면 'OOO님…'으로 시작해서 구체적으로 전하는 것이 좋다. 가장 좋은 방법은 직접 통화해서 감사의 뜻을 전하면 상대는 고마워하고 관계는 더 끈끈해진다.

가족 간에도 "당신 덕분이야!", "엄마 덕분이야!", "너희 덕분이야!" 등으로 고마움을 직접 말하면 분위기가 훨씬 화목해진다. 말하기 쑥스러우면 메모장에 써서 고마움을 표시해라. 형식보다 실행이 중요한 것이다.

고마움을
모르면 더 이상의
친절도 사라진다.

술값 계산할 때 딴청 부리는 친구

진수 씨는 친구들과 술자리를 자주 하는 편이었다. 워낙 술을 좋아하고 어울리기 좋아했기 때문이다. 그런데 계산할 때면 꼭 화장실을 가거나 전화를 받는 척하며 딴청을 하기 일쑤였다. 친구들도 처음에는 "그까짓 것, 술값 얼마 되지도 않는데"라며 이해하려 했다. 그러나 번번이 그런 모습을 보이자 은근히 짜증이 나는 것이다.

"쟤는 늘 공짜 술만 먹으려 하네."

"우리가 두 번 사면 쟤도 한 번쯤은 술값을 내야 하는 거 아냐?"

결국 모임은 자연스럽게 더치페이로 바뀌었고 친구들이 진수 씨를 부르는 횟수도 줄었다. 진수 씨는 분위기가 달라진 이유를 친구들의 야박함으로 돌렸지만, 친구들이 느낀 것은 계산의 문제가 아니라 고마움을 모르는 태도였다.

작은 호의가 쌓여 인연이 되듯, 작은 감사의 부재가 쌓이면 사이는 멀어진다는 것을 보여준다.

감사할 줄 모르는 태도가 부메랑처럼 돌아온 사례

H 씨가 논문을 쓰던 시기였다. 그는 지도교수에게 지적받을 때마다 크게 위축됐고, 그럴 때면 학계 동료인 형철 씨에게 전화를 걸어 하소연하곤 했다. 형철 씨는 밤늦은 전화도 마다하지 않고 그의 말을 들어주며 마음을 다독였다.

"지도교수님이 무척 깐깐하시네요."

"그래도 시작한 일이니 끝까지 견뎌야죠."

"저도 논문 쓸 때 스트레스가 심해서 고생을 엄청나게 했어요."

그런 위로가 쌓여 마침내 H 씨는 학위를 무사히 통과했다. 얼마 지나 그는 학위 내용을 바탕으로 책까지 출간했다.

그러던 어느 날, 형철 씨는 그 책의 한 문장을 인용할 일이 생겼다. 정확한 출처를 확인하려고 H 씨에게 전화를 걸어 조심스럽게 부탁했다.

"책에 나온 그 문장, 관련 자료를 조금 얻을 수 있을까요?"

나는 돈(Money)입니다

그런데 H 씨 반응은 의외였다.

“책을 사면 되지, 왜 물어봐요?”

순간 통화 분위기가 싸늘해졌다.

형철 씨는 “네, 알겠습니다.” 짧게 답하고 전화를 끊었다.

그는 문장을 몰라서가 아니라 동료의 성취를 축하하고 예우를 갖추려는 마음으로 연락했던 터였다. 그날 이후 두 사람 사이의 연락은 끊어졌고 관계는 자연스럽게 멀어졌다.

2년 뒤, 한 심포지엄에서 두 사람이 우연히 다시 마주쳤다. H 씨는 발표를 마치고 토론에 들어갔지만, 질문자가 핵심을 찌르는 질의를 하자 당황한 기색이 역력했다. 그때 사회자가 상황을 정리하듯 말했다.

“이 부분은 오늘 참석하신 형철 선생님께 여쭙는 것이 좋겠습니다.” 하필이면 사회자가 형철 씨를 지목한 것이다. 형철 씨는 입장이 곤란했지만, 여러 사람 앞에서 답변을 피할 수는 없었다. 그는 간단히 쟁점을 정리해 설명했고, 참석자들은 고개를 끄덕였다. 동시에 H 씨를 바라보는 시선에는 미묘한 의문이 섞이기 시작했다.

“저 정도 질문에도 답을 못 한다고?”

그 일을 계기로 H 씨의 평판은 흔들렸다. 자신이 어느 정도 자리를 잡았다고 생각한 순간, 동료를 가볍게 여기고 감사를 외

면한 태도는 결국 부메랑처럼 되돌아왔다.

나를 점검해 보기

☐ 도움을 받거나 대접을 받아도 "고마워요/감사합니다."를 바로 말하지 않는다.

☐ 가족에게 "수고했어/고마워"를 말로 잘 표현하지 않는다.

☐ 경조사 후 감사 인사를 미루거나 형식적인 메시지로 끝낸다.

☐ 남의 수고와 배려를 평가절하하거나 무심히 넘긴다.

☐ 내 노력을 알아주기를 바라고 그에 대한 피드백이 없으면 서운하게 생각한다.

▶ 하나라도 체크되었다면, 감사는 소통의 온도를 올리는 가장 저렴한 투자이니 오늘 하루 한 사람에게만이라도 직접 감사를 표현해 보자.

왜 문제인가?

감사는 예의가 아니라 관계를 지탱하는 힘이다.

감사 표현이 부족한 사람은 받는 데는 익숙하지만, 돌려주지 않는 사람이라는 인상을 남기기 쉽다. 그런 인상은 이기적이고 계산적인 사람으로 비쳐 중요한 순간에 불리하게 작용한다.

감사는 비용이 들지 않지만, 쌓이지 않으면 평가는 빠르게 낮아지고 그 대가는 관계 단절이나 기회 상실로 돌아온다.

고마움은 미루지 말고 지금 말하라. 그래야 내일 또 고마운 일이 생긴다.

남 탓하기

"누구 때문에 이렇게 됐다."는 말이 잦을수록 삶의 주도권은 내 손에서 멀어진다. 지나간 선택을 붙잡고 원망해 봐야 그때는 다시 오지 않는다.

실패는 빨리 정리해야 한다. 붙들고 있으면 분노와 자책이 뒤섞여 마음만 소모되고 결국 같은 자리에서 맴돌기 쉽다.

시험에 떨어지고, 사업에 실패하고, 관계가 틀어졌더라도 지금의 나는 내가 선택한 결과다. 남 탓을 하기 전에, 내가 바꿀 수 있는 몫이 무엇인지부터 확인하자.

내 탓이라고 말하는 것은 자신을 학대하라는 뜻이 아니다. 책임을 내 쪽으로 가져오는 순간, 다시 시작할 힘도 내 안에서 나온다. 그러므로 내 탓이라 말하며 사과하고, 내 탓이라 생각하며 내려놓고, 내 탓이라 다짐하며 다시 시작하자.

핑계는 족쇄가 되지만, 실패는 교훈이 되고, 책임은 새출발의 원동력이 된다.

원인을 밖으로 돌릴수록 삶은 바뀌지 않는다.

해고의 절망을 상상력의 원동력으로 바꾼 '월트 디즈니'

세계적인 애니메이션 거장이자 엔터테인먼트 제국을 일군 월트 디즈니(Walt Disney)의 삶은 시작부터 순탄치 않았다. 그의 초기 경력은 오늘날의 성공과는 거리가 멀었다.

젊은 시절 그는 신문사에 애니메이터로 취직했지만, 얼마 지나지 않아 "상상력이 부족하고 좋은 아이디어가 없다."는 평가를 받으며 해고당했다. 애니메이션 창작자에게 상상력이 부족하다는 말은 작가에게 "글을 못 쓴다."고 하거나, 음악가에게 "음악성이 없다."고 말하는 것과 다름없는 혹독한 부정이었다.

그러나 그는 실패에 주저앉지 않았다. 해고 이후 자신의 스튜디오를 차렸고, 우연히 작업실에 나타난 생쥐에서 영감을 얻어 미키 마우스(Mickey Mouse)를 탄생시켰다. 작은 아이디어는 큰 성공으로 이어졌고, 그는 이렇게 회고했다.

"모든 꿈은 작은 시작에서 비롯됩니다. 기억하세요. 이 모든 것은 한 마리 생쥐에서 시작되었다는 것을."

이후 미키 마우스는 전 세계인의 사랑을 받는 캐릭터가 되었고, 디즈니 애니메이션은 세대와 국경을 넘어 꿈과 희망을 전하는 콘텐츠로 자리 잡았다. 디즈니의 삶은 실패가 끝이 아니라 방향을 바꾸는 출발점이 되었음을 보여준다.

가난과 절망 속에서 '해리 포터'라는 마법을 창조한 여인

조앤 캐슬린 롤링(J.K. Rowling)은 〈해리 포터〉 시리즈로 전 세계 독자에게 사랑받았지만, 시작은 실패와 역경의 연속이었다. 20대 후반의 그는 연이어 바닥을 경험했다. 이혼 후 어린 딸을 홀로 키우는 편모 가장이 되었고, 생활은 정부 보조금에 의존해야 할 만큼 어려웠다. 그는 "당시는 내가 상상할 수 있는 모든 면에서 실패자였다."고 회고할 정도로 깊은 우울의 시간을 보내야 했다.

그 무렵 롤링은 유일한 희망이었던 〈해리 포터〉 원고를 들고 여러 출판사를 찾아갔지만, 무려 12번이나 거절당했다. 출판사들은 "아이들이 이해하기엔 너무 길고 복잡하다."는 이유를 들었다.

그럼에도 그는 자신을 탓하거나 세상을 원망하는 데 머무르지 않았다. 오히려 실패가 자신을 단단하게 만들고 내면의 본질을 찾게 했다고 말한다. 무엇보다 그는 이야기와 캐릭터에 대한 믿음을 놓지 않았다. 가난과 외로움 속에서도 카페에 앉아 낡은 종이에 이야기를 적어 내려갔다. 그 시간은 절망에서 빠져나오는 통로이자 스스로를 증명하는 유일한 길이었다.

그리고 13번째 시도에서 작은 출판사의 편집자가 원고에 관심을 보였다. 편집자는 원고를 집으로 가져가 여덟 살 딸에게 읽어 보게 했고, 딸의 열렬한 반응이 출간으로 이어졌다.

출간 이후 《해리 포터와 마법사의 돌》은 곧바로 베스트셀러가 되었으며, 〈해리 포터〉 시리즈는 수십 개 언어로 번역되어 수억 부가 판매됐다.

롤링은 실패를 이렇게 말했다.

"실패는 재미가 없어요. 하지만 실패가 제 삶의 핵심을 다듬고 불필요한 것을 걸러내는 원동력이 되었어요."

그는 반복되는 거절 속에서도 외부 요인을 탓하기보다, 자신이 통제할 수 있는 일에 집중했다. 그의 이야기는 실패가 더 큰 성공으로 가는 학습의 과정임을 보여준다.

나를 점검해 보기

☐ 속으로는 불운/타인/시스템 탓을 하며 마음이 자주 거칠어진다.

☐ 실패를 떠올리면 분노와 억울함이 먼저 생각난다.

☐ "저 사람만 아니었으면"라는 가정에 오래 머문다.

☐ 문제를 풀기보다 정당성 증명(내가 피해자임)에 더 에너지를 쓰고 싶어진다.

☐ 같은 문제를 반복하면서도 원인을 늘 밖에서 찾는다.

▶ 하나라도 체크되었다면, 핑계가 자신의 에너지를 소모시키고 있을 가능성이 크다. 오늘부터는 변명 대신, 내가 통제할 수 있는 부분에 집중해 보자.

왜 문제인가?

남 탓은 문제 해결의 주도권을 스스로 내려놓고 밖으로 돌리는 행위다. 원인을 외부에만 두면 분노와 원망은 쌓이지만, 정작 내가 바꿀 수 있는 행동은 아무것도 없다. 그 결과 같은 상황이 반복되어도 또다시 누군가의 탓으로 돌리며 성찰의 기회를 놓치게 된다.

결국 남는 것은 교훈이 아니라 핑계의 습관이다. 그리고 그 습관은 같은 실패를 되풀이하게 만든다.

이제부터는 남 탓을 하기 전에, 이 책에서 '내가 바꿀 수 있는 한 가지'를 정해 곧바로 실행해 보자.

툭하면 나이를 앞세우고

나이를 벼슬인 양 앞세우면 "헛나이 먹었다."는 소리를 듣기 쉽다. 친인척이 모인 자리에서도 연장자라는 이유로 말이 길어지고 결론을 강요하면, 어느 순간 '꼰대'로 분류된다. 나이를 먹은 만큼 말과 행동에서도 성숙함이 드러나야 한다.

지하철 경로석을 두고 언쟁이 벌어지기도 한다. 그러나 상대가 몸이 불편할 수도 있고, 젊은 사람도 하루 종일 일에 지쳐 잠시 쉬는 것일 수 있다. 상황을 한 번 더 헤아리는 배려가 필요하다. 또 "내가 이 바닥에서 경력이 20년이야." 같은 말은 설득을 돕기보다 대화를 막는 경우가 많다. 경력은 주장으로 증명되기보다 태도와 결과로 드러나기 때문이다. 조언이 필요하다면 권위가 아니라 경험의 공유로 접근하는 편이 낫다.

연장자가 일방적으로 결론을 내리면 젊은 세대는 내키지 않는 것을 강요받는다고 느끼기 쉽다. "내 경험으로는 이랬는데, 맞는지 같이 생각해 보자."처럼 부드럽게 말하면 같은 내용도 훨씬 잘 받아들인다.

나이를 앞세우면 대화가 멈추고, 질문을 앞세우면 관계가 돈독해진다.

연장자의 말이 많을수록, 젊은 세대의 입은 닫힌다.

친인척 모임에서 나이를 앞세우다 소외된 삼촌

매년 명절이면 온 가족이 모이는 큰집에서 삼촌은 가장 나이 많은 연장자였다. 그는 젊은 조카들에게 삶의 지혜를 전하고 싶어 했지만, 시간이 흐를수록 말의 방식이 '나누는 조언'이 아니라, '가르치려 드는 훈계'로 바뀌어 갔다. 조카들이 진로와 사회생활을 이야기하면 삼촌은 의견을 충분히 듣기보다

"내가 너희만 할 때는 말이야."

"요즘 젊은이들은 세상을 너무 쉽게 봐."라는 말로 대화를 끊곤 했다. 새로운 시도나 관점을 어리숙한 생각으로 치부하곤 했다.

육아 문제로 힘들다는 조카의 말에도 "요즘 젊은 엄마들은 너무 유별나. 우리가 너희 키울 때는 다 알아서 했어."라는 식으로 단정했다.

결과적으로 조카들은 점차 삼촌과의 대화를 피하게 되었다. 가족 행사에서 삼촌은 여전히 중심에 있었지만, 정작 진솔한 고민과 속 깊은 대화는 그를 제외한 자리에서 오갔다.

명절이 즐거운 만남이 아니라 잔소리를 견뎌야 하는 피곤한 의무가 되면서, 조카들은 자리를 빨리 피할 궁리만 하게 되었다. 자연히 2차 모임에는 초대받지 못하고 삼촌은 홀로 집에서 지내야 했다.

경로석에서 젊은 여성에게 호통친 할머니

평일 퇴근 시간, 지하철 안은 사람들로 붐볐다. 어느 날 70대의 김 씨 할머니는 경로석에 앉아 있었는데, 옆자리에 몹시 피곤한 표정의 젊은 여성이 앉자마자 곧 잠이 들었다.

잠시 후 몇 정거장 지나서 또 다른 어르신이 타자, 할머니는 잠든 여성을 향해 언성을 높였다.

"젊은 사람이 경로석에 앉아서 잠만 자고 있으면 단가?"

"요즘 젊은것들은 예의가 없어도 너무 없어!"

깜짝 놀란 여성이 "할머니, 제가 피곤해서 깜빡 졸았네요. 죄송해요." 하며 자리에서 일어났지만, 할머니는 "힘들지 않은 사람 어디 있어?"라며 계속 면박을 주었다.

그때 주변에 있던 다른 어르신들이 나서서 말했다.

"할머니, 그만하세요. 얼마나 힘들면 그러겠습니까?"

"지하철에서는 목소리를 낮추세요."

"할머니, 나이 많은 게 무슨 벼슬입니까?"라며 젊은 여성을 두둔하는 상황이 벌어졌다. 자리를 양보받은 할아버지는 오히려 좌석에 앉지 못하고 민망해하며 어쩔 줄 몰라 했다.

노인에 대한 존중의 마음이 식어버리는 순간이었지만, 또 다른 어르신들의 배려심에 그나마 위안이 되었다.

나를 점검해 보기

☐ 대화 중 "내가 너희 나이 땐…"으로 말을 시작하는 일이 잦다.

☐ 상대가 사과해도 "그래도 말이야…"로 훈계가 이어진다.

☐ 조언을 경험 공유가 아니라 정답 제시처럼 말하는 편이다.

☐ 젊은 사람의 방식과 가치관을 "요즘 애들은…"으로 묶어 평가한다.

☐ 자리와 순서 등에서 상대 사정을 확인하기보다 먼저 지적한다.

▶ 하나라도 체크되었다면, 나이를 앞세우기보다 상대를 존중하는 태도로 말하는 연습이 필요하다.

왜 문제인가?

나이를 내세운 발언은 경험을 나누는 일이 아니라 권위로 상대를 누르는 방식이 되기 쉽다. 처음에는 조언처럼 들릴 수 있으나 반복될수록 상대는 존중받지 못한다고 느끼고 대화를 줄이게 된다. 문제는 그 결과가 연장자 스스로의 고립으로 돌아온다는 점이다.

나이가 많다고 해서 말이 항상 옳은 것은 아니다. 나이를 앞세우면 대화는 닫히고, 질문과 경청을 앞세우면 관계가 열린다.

결국 품격은 나이가 아니라 태도에서 드러난다.

팔방미인은 전문성이 떨어지고

재주가 많다는 것은 분명 강점이다. 다만 그것이 한 분야의 깊이로 이어지지 못하면 무엇을 맡겨도 확실한 사람으로 선택받기 어렵다.

이런 유형은 대화마다 빠지지 않고 의견을 보태 존재감을 드러내지만, 정작 결정적인 순간에는 **"이 일을 누구에게 맡길까?"** 라는 질문에서 이름이 먼저 떠오르지 않는다.

폭넓음은 잠깐 주목을 끌 수 있어도 대가와 신뢰를 지속적으로 보장해 주지는 않는다. 성공은 대개 폭넓음보다 깊이에서 나오기 때문이다.

스포츠에서도 멀티 포지션을 소화하는 선수가 있다. 다재다능함은 팀에 큰 도움이 된다. 그러나 주전으로 신뢰를 얻으려면 한 포지션에서 대체 불가한 강점이 있어야 한다. 여러 포지션을 맡더라도 중심이 되는 전문성이 있을 때 감독의 신임이 쌓인다.

그러므로 먼저 한 우물을 파자. 물길은 옆으로 자연히 뻗는다. 중심이 단단하면 확장은 분산이 아니라 확대가 된다.

모든 것을 다 잘하려고 하면, 정작 무엇 하나도 제대로 이루기 어렵다.

재주는 많지만, 안정적인 일감이 적은 프리랜서

30대의 유정 씨는 어려서부터 손재주가 좋고 센스가 뛰어나다는 말을 많이 들었다. 영상 편집, 디자인, 마케팅 글쓰기, 심지어는 간단한 코딩까지 혼자서 해낼 수 있었다. 그녀는 이러한 다재다능함을 바탕으로 몇 년 전 회사를 나와 프리랜서의 길을 걷고 있다.

프리랜서 초반, 유정 씨는 눈코 뜰 새 없이 바빴다. 친구의 쇼핑몰 홍보 영상을 만들어주고, 또 다른 곳에서는 이벤트 기획과 홍보 문구를 작성하는 등 다재다능함을 펼쳤다.

하지만 시간이 갈수록 상황이 좋지 않았다. 문제는 그녀가 다양한 재주를 가지고 있었음에도 어느 한 분야에서도 전문성을 깊이 있게 인정받지 못했다는 점이다.

처음에는 간단한 영상 작업을 맡았지만, 고도의 기술이 필요한 특수 효과나 세련된 연출을 요구하는 큰 프로젝트에서는 늘 전문 영상 편집자에게 밀렸다. 그녀의 영상 편집은 잘한다는 소리는 들었지만, 믿고 맡기는 수준의 확신을 주지는 못했다.

결국 유정 씨는 매번 새로운 클라이언트를 찾아 헤매야 했고, 간혹 의뢰가 와도 간단한 것을 요구하는 수준이었다. 그래서 항상 바쁘게 일하는 것 같지만, 실속은 없는 상태였다.

그녀는 자신의 다양한 재주가 한때는 주목받게 해주었지만, 적정한 대가와 지속성까지 따르는 것은 아니었다는 현실을 마주하며 진로를 고민하게 되었다.

한때 만능 엔터테이너로 불렸지만 사라진 아이돌 스타

연예계에서는 한때 아이돌 스타로 불리며 혜성같이 등장한 인물들이 많았다. 그들은 노래, 춤, 연기, 사회, 예능 프로그램 등에서 두각을 나타내며 대중의 주목을 받았다. 그러나 한때 스포트라이트를 받았지만, 항상 2%가 부족하다는 평가를 받았다.

연예계 관계자들은 "시청자들이 이 분야는 그가 최고라고 떠올릴 만한 대표 영역이 없다."고 했다. 영화 캐스팅 디렉터는 "특정 캐릭터의 깊은 내면을 끌어낼 배우라는 믿음을 주지 못했다." 평했고, 예능 제작진은 "고정 멤버로 세울 만큼의 강점은 부족했다."고 했다.

대중 역시 그들을 만능 엔터테이너로 인식할 뿐, 이것 하나만큼은 최고라는 명확한 인상을 받지 못했다. 확고한 포지셔닝이 없으니 팬덤도 단단히 쌓이지 않았고 출연 섭외는 점차 줄어들었다. 그사이 새로운 얼굴들이 등장하면서 어느 순간 잊혀진 스타가 되고 말았다.

모든 일에 있어 폭넓음은 잠깐 주목받기엔 좋지만, 반짝으로 끝나기 쉽다. 깊이가 있어야 울림이 퍼져 오래가는 법이다.

나를 점검해 보기

☐ 배우는 것이 많아도 완성으로 끝낸 것이 드물다.

☐ 의뢰나 업무가 들어와도 단가가 낮거나 단발성으로 끝난다.

☐ 확장이라는 명분으로 집중을 피하고 분산을 반복하고 있다.

☐ 소개받을 때, 내 이름 앞에 붙는 '전문 분야 한 단어'가 없다.

☐ 여기저기 손대다 보니 시간은 바쁜데, 실속이 없다는 말을 자주 듣는다.

▶ 하나라도 체크되었다면, 확장은 잠시 멈추고 핵심 하나를 완성하는 선택과 집중이 필요하다.

왜 문제인가?

깊이가 부족하면 사람들의 기억에 남는 대표 실력이 생기지 않는다. 그래서 필요할 때 떠올려지는 이름이 되지 못하고 신뢰와 개인 브랜드도 쌓이지 않는다. 조직과 시장은 "이 일은 누구에게 맡길까?"라는 질문에 답이 분명한 사람을 먼저 선택한다.

결국 폭넓음은 깊이가 뒷받침되어야 비로소 강점이 된다. 한 분야에서 대체 불가한 중심을 만들지 못하면, 확장은 분산이 되고 커리어의 방향성도 흔들린다.

짧고 굵게 사는 삶 동경

홍콩 무협 영화를 많이 본 탓인지 "짧고 굵게 살겠다."고 말하며 호탕한 척하는 사람이 있다. 그러나 가족이 있는 사람에게 그 말은 자칫 무책임한 선언이 되기 쉽다. 큰 멋은 없더라도 끝까지 가족을 책임지며 오래 유지하는 삶이 가장·부모·가족으로서 최소한의 도리다.

이런 유형은 일확천금을 노리기 쉽다. 투자를 포트폴리오로 분산하지 않고 한곳에 몰아넣으면 그만큼 실패 확률도 높아진다. 젊을 때는 다시 일어설 여지가 있지만, 중년 이후의 '몰빵'은 손실의 대가가 길게 남아 삶 전체를 흔들 수 있다.

"짧고 굵게"라는 멋보다 길고 단단하게 가는 책임이 먼저다. 책임이 있어야 꿈과 모험이 삶의 일부로 남고 가족의 안전도 지킬 수 있다.

멋은 혼자 즐기지만,
책임은 가족이
대신 치른다.

한 방을 꿈꾸다 삶이 흔들린 가장

준혁 씨는 젊은 시절부터 "인생은 짧고 굵게"라는 말을 입에 달고 살았다. 홍콩 무협 영화나 할리우드 스타들의 드라마틱한 삶에 심취해 남들과는 다른 인생을 살겠다고 호언장담했다.

그 가치관은 안정적인 직장 생활보다 모험적인 사업과 고위험 투자로 이어졌다. 아내와 두 아이가 있는 가장이었지만, 그런 선택이 가족에게도 멋으로 보일 거라 착각했다. 그러나 현실은 달랐다. 고수익을 미끼로 한 투자와 '한 방' 사업은 대부분 실패로 끝났고, 가족은 반복되는 경제적 불안에 시달려야 했다. 건강 관리도 소홀했다. 스트레스 속에서 폭음과 불규칙한 생활을 이어갔으며, 산악오토바이 같은 위험한 취미를 열정으로 포장했다.

하지만 아내와 아이들이 원한 것은 드라마의 주인공이 아니라 건강하게 곁에 있으면서 끝까지 책임지는 사람이었다.

몇 년 전, 준혁 씨는 산악오토바이를 타다 산비탈로 굴러떨어지는 큰 사고를 당해 죽을 고비를 넘겼다. 장기간 입원과 수술, 재활 치료가 이어졌고 그 부담은 고스란히 가족에게 옮겨갔다. 병원 침대에서 그는 깨달았다. 자신이 꿈꿔온 짧고 굵은 멋은 현실에서는 가족을 불안 속에 세워두었다는 것을.

다행히 그는 회복 후 삶의 방향을 바꾸기로 했다. 화려함보다 안정과 책임을 우선순위에 두고 늦게나마 가족의 신뢰를 되찾기 위해 노력하고 있다.

예술가의 삶을 택했지만, 가장의 책임은 미뤄졌던 시간

최영진 작가는 신진 소설가였다. 그는 젊은 시절부터 "한 번뿐인 인생, 평범하게 살 바에는 짧게 살더라도 뜨겁게 타오르겠다."며 예술가의 삶을 동경했다. '헝그리 정신'이야말로 예술의 원동력이라고 믿었고 주변에도 그런 철학을 자주 말했다.

하지만 그에게는 안정적인 삶을 바라는 아내 지수 씨와 초등학생 딸 민서가 있었다. 영진 씨는 직장 생활을 거부한 채 창작에만 매달렸고 생활비는 아내의 수입과 간헐적인 강연료에 의존했다. 그는 생활고를 예술가적 고뇌로 포장하고 가족의 불안은 "창작의 가치는 돈으로 살 수 없다."는 말로 덮어버리곤 했다.

아내는 남편의 꿈을 지지하려 애썼지만, 현실은 좀처럼 나아지지 않았다. 학원비는 물론 관리비조차 빠듯한 달이 많아지면서 지수 씨는 마트 캐셔와 파출부 일을 전전하며 생활비를 마련해야 했다.

영진 씨는 "결과로 보답하겠다."고 했지만, 아내에게 그 말은 책임을 미루는 변명처럼 들렸다.

몇 년 뒤, 지수 씨는 이혼을 결심했다.

"당신의 뜬구름 잡는 삶은 나와 민서에게 불안과 고통만 남겼어요."

"우리 헤어져요."

.....

그제서야 영진 씨는 깨달았다. 자신이 멋이라 믿었던 삶이 남편과 아버지로서의 책임을 비켜가고 있었다는 것을.

그는 글을 완전히 놓기보다 생계를 먼저 책임지기로 했다. 택시 운전을 시작했고, 베스트셀러의 환상 대신 생활을 지키는 쪽을 선택했다.

글은 인생의 전부가 아니라 삶 곁의 일로 남겨두기로 했다.

나를 점검해 보기

☐ "짧고 굵게" 같은 말로 무모한 선택을 멋으로 포장한 적이 있다.

☐ 계획 없이 한 방에 기대어 투자와 사업을 밀어붙인 적이 있다.

☐ 가족과 충분히 협의하지 않고, 중요한 결정을 내 방식대로 강행한
적이 있다.

☐ 가족의 기본 생활보다 내 선택과 자존심을 더 중요하게 여긴 적이
있다.

☐ "결과로 보답할게!"라는 말로 지금의 책임을 미룬 적이 있다.

▶ 하나라도 체크되었다면, 꿈의 크기를 키우기보다 현실을 감당할
준비부터 갖춰야 한다.

왜 문제인가?

"짧고 굵게" 살겠다는 말은 무모한 선택을 정당화하는 구호가 되
기 쉽다. 특히 일확천금을 노리는 투자나 사업은 위험 부담이 커서
실패할 경우 그 여파가 개인을 넘어 가족 모두의 생활까지 흔들 수
있다.

문제는 손실이 돈에서 끝나지 않는다는 점이다. 경제적 불안이 길어
지면 갈등과 불신이 쌓이고, 여기에 건강까지 무리하면 사고와 질병
같은 변수로 회복 비용은 눈덩이처럼 커진다.

결국 남는 것은 드라마 같은 성공이 아니라 수습해야 할 빚과 관계의

균열, 그리고 오래 남는 후회다.

꿈과 도전이 삶의 일부로 남으려면, 멋보다 책임이 먼저여야 한다.

07 CHAPTER

잡기에 몰두하는 생활

포커, 화투, 바둑, 게임, 경마 같은 것은 가끔 오락으로 즐길 수 있다. 문제는 오락과 취미의 선을 넘어 승패와 손익에 집착하는 순간부터다. 대개는 "그냥 재미로 한다."고 말하지만, 지기 시작하면 표정과 말투가 거칠어지고 이긴 사람까지 민망해지는 경우가 생긴다.

특히 포커나 경마 같은 영역은 간헐적으로 한 번 크게 이기는 경험이 뇌에 강한 보상을 남겨 "다음엔 더 딸 수 있다."는 착각으로 이어지기 쉽다. 그러나 결국은 돈 잃고, 시간 뺏기고, 마음만 황폐해질 뿐이다.

그래서 이기는 기술보다 멈추는 기술이 먼저라는 말이 있다. 굳이 게임을 하더라도 시간·금액·횟수의 한도를 정하고, 그 선을 넘지 않는 습관이 필요하다. 놀이는 어디까지나 놀이일 뿐이며, 경계를 넘는 순간 되돌아오기 어렵다.

오락은 취미가
될 수 있지만,
생활이 되는 순간
삶이 무너진다.

화투 때문에 명절 모임을 망쳐버린 삼촌

매년 설이나 추석이면 온 가족이 모여 고스톱으로 잠깐씩 즐기는 집도 있다. 영식 삼촌은 그중에서도 화투를 특히 좋아해 "명절에 가족 간에 재미로 치는 거지, 돈이 중요한 게 아니야."라고 말하곤 했다.

하지만 말과 달리, 그는 승패에 예민했다. 영식 삼촌이 돈을 딸 때면 "다들 왜 그렇게 못 치냐?"며 다른 사람을 놀리듯 말했고, 반대로 판이 꼬이면 얼굴이 붉어지며 거친 불평이 쏟아졌다. 급기야 감정을 못 이겨 패를 흩뿌리며 판을 깨는 일도 있었다. 연장자와 젊은 사람, 아이들까지 있는 자리였지만, 그는 주변 분위기를 살피지 못했다.

그 뒤로 가족들은 영식 삼촌이 있는 자리에서 화투판 자체를 피하게 되었고 명절 방문도 그가 없는 시간을 택하곤 했다. 가족의 유대감을 만들기 위해 시작한 놀이가 오히려 유대감을 멀어지게 하고 말았다.

경마 집착으로 삶이 무너진 가정

정우 씨는 안정적인 직장과 가정을 꾸린 평범한 가장이었다. 어느 날부터 그는 주말마다 취미 삼아 친구들과 함께 경마장을 찾아 소액으로 베팅을 즐기곤 했다. 처음에는 몇만 원 정도 걸고 달리는 말들을 보며 스트레스 해소에 최고라고 생각했다. 하지만 그의 가벼운 취미는 점차 집착으로 변하기 시작했다.

어느 날 정우 씨는 예상치 못한 큰 배당금을 손에 넣었다. 그러자 그는 "소액으로도 큰돈을 벌 수 있다."는 환상이 생겼고 이후 경마에 투자하는 시간과 금액이 점차 늘어나게 된다. 주말뿐 아니라 평일에도 틈만 나면 경마 관련 정보를 찾아보고 베팅 분석에 몰두하기 시작했다. 그는 경마가 단순한 운이 아니라 자신만의 분석으로 충분히 이길 수 있는 게임이라고 믿게 된 것이다.

하지만 그의 예측은 번번이 빗나갔고 베팅 금액이 커질수록 손실액도 크게 늘어났다. 정우 씨는 잃은 돈을 되찾기 위해 더 큰 돈을 베팅하는 단계가 되었다. 처음에는 비상금, 다음에는 적금을 깨고, 결국에는 대출까지 받기에 이르렀다. 그는 가족에게 이 사실을 숨긴 채 점점 더 깊은 수렁으로 빠져들었다. 급기야 카드 돌려막기나 사채까지 손을 대며 감당할 수 없는 빚더미에 앉게 되었다.

정우 씨의 삶은 경마 때문에 완전히 무너진 것이다. 돈을 잃는 날이 많아지면서 조금만 건드려도 폭발하는 예민한 성격으로 변했고, 아내와는 사소한 일에도 싸움이 잦았다. 직장에서는 경마 예상지를 보면서 업무 집중도가 떨어지고 실수가 늘었다. 하지만 그는 경마에 대한 집착을 버리지 못하고, "이번 판만 이기면 다 갚을 수 있다."는 착각에서 벗어나지 못했다.

결국 정우 씨는 경마 중독으로 수억 원의 빚을 지고 직장까지 잃었으며, 아내와는 이혼 절차를 밟게 되었다. 잘못된 욕망은 즐거움은커녕 경제적 파탄과 깊은 고통만을 남겼다.

나를 점검해 보기

☐ 금액과 횟수, 시간 한도를 정해도 지키지 못하는 날이 잦다.

☐ 지고 나면 표정이 굳고 말투가 거칠어지는 편이다.

☐ 취미로 하는 것이라고 말하지만, 지면 하루의 기분이 무너진다.

☐ 이긴 날의 기분이 커서 다음 날에도 다시 하고 싶다는 충동이 강하다.

□ 끝나고 나면 후회가 남는데, 며칠 지나면 또 반복된다.

▶ 하나라도 체크되었다면, 시간/금액/횟수 중 한 가지부터 상한선을 정하고 알람과 종료 규칙으로 멈추는 기술을 먼저 훈련하자.

왜 문제인가?

잡기에 몰두하다 보면 그것은 단순한 취미를 넘어 판단의 기준을 왜곡하는 습관으로 굳어지기 쉽다. 승패와 손익에 익숙해질수록 일상의 잣대는 '이기느냐, 잃느냐'로 단순화되고, 인내와 절제, 균형 같은 삶의 기본 감각은 점차 무뎌진다.

더 큰 문제는 통제력의 상실이다. 멈추고 싶어도 멈추지 못하는 상태에 이르면, 그것은 더 이상 즐거움이 아니라 삶을 잠식하는 중독이 된다.

그래서 잡기에서 가장 중요한 능력은 이기는 기술이 아니라 스스로를 지키기 위해 멈출 줄 아는 기준이다.

난폭운전 일삼기

앞차가 조금만 늦어도 경적을 울리며 압박하고 신호 위반을 대수롭지 않게 여긴다. 좁은 도로에서도 과속과 무리한 추월을 반복하는데, 평소에는 온순하던 사람도 운전대만 잡으면 공격적으로 변하는 경우가 있다. 차라는 밀폐된 공간에서 억눌린 감정을 풀려는 듯하지만, 그 결과는 타인의 안전을 위협하고 결국 자기 삶을 무너뜨린다.

난폭운전은 대개 이중적인 모습을 동반한다. 사람들 앞에서는 말 한마디 못 하면서, 운전대 앞에서는 강한 척하며 위협적으로 군다. 게다가 이런 습관이 "이 정도는 괜찮다."라는 자기합리화로 이어지면 음주운전 같은 치명적 선택까지 가볍게 여기게 된다.

도로교통 구호 중에 "5분 빨리 가려다, 50년 빨리 간다."는 말이 있다. 좋은 운전은 내가 빨리 가는 기술이 아니라 동승자가 편안함을 느끼는 배려에서 시작된다.

분노는
순간이지만,
사고와 후회는
평생 남는다.

운전대만 잡으면 돌변하는 사람

최 과장은 회사에서는 친절하고 조용한 편이었다. 그러나 운전대만 잡으면 성격이 달라졌다. 퇴근길 정체가 시작되면 낮 동안 쌓인 스트레스가 폭발하듯, 앞차가 조금만 늦어도 경적을 길게 울리고 차선을 급하게 바꾸며 속도를 올렸다.

같은 부서 이 대리가 조수석에 탄 날, 그 변화는 더 분명했다. 최 과장은 급가속과 급정거를 반복하며 상향등을 켜고 앞차를 압박했다. 차가 크게 흔들릴 때마다 이 대리는 몸이 쏠렸고, 최 과장은 "운전을 저렇게 할 거면 운전대를 잡지 말아야지."라며 분노를 쏟아냈다. 이 대리는 목적지에 도착할 때까지 불안과 공포를 견뎌야 했다.

더 큰 문제는, 최 과장이 간혹 음주 후에도 "이 정도는 괜찮아,

☐ 내 운전 때문에 가족과 지인이 "당신 차는 타기 싫다."는 반응을 보인 적이 있다.

▶ 하나라도 체크되었다면, 동승자가 편안한 운전을 목표로 바꾸는 것이 좋다.

왜 문제인가?

난폭운전은 단순히 운전이 거친 문제가 아니라 감정 조절 실패가 도로 위에서 표출되는 행동이다. 차라는 밀폐된 공간에서는 공격성이 더 과격해진다. 문제는 그 감정이 브레이크를 밟지 못하고, 타인의 생명과 직결된 상황에서 터져 나온다는 점이다.

결국 난폭운전은 나만 위험에 빠뜨리는 것이 아니다. 타인의 생명과 가족의 일상, 그리고 스스로 쌓아 온 신뢰까지 함께 흔드는 최악의 행동이다.

운전은 승부가 아니라 감정을 관리하며 안전을 지키는 일이 최우선임을 잊지 말자.

습관은 성격처럼 보이지만
사실은 반복이 만든 방식이다

좋은 약은 몸에 쓰다고 한다. 그러나 약이 쓴 이유는 사람을 해치기 위해서가 아니라 낫게 하려는 마음 때문이다.

이 책의 이야기가 때로는 불편하고 마음에 걸리거나 혹은 고개를 끄덕이게 했다면, 그것은 당신이 무너지기보다 회복하고 싶다는 증거일 것이다.

이 책은 누군가를 평가하거나 단정하기 위해 쓰이지 않았다. 오히려 이렇게 묻고 싶었다.

"혹시, 나도 모르게 내 삶의 발목을 잡고 있지는 않은가?"

습관은 성격처럼 보이지만, 사실은 반복이 만든 방식이다. 그리고 방식은 바꿀 수 있다. 완벽하게 바꾸려 애쓰지 않아도 된다. 오늘은 인사 하나, 내일은 말투 하나, 모레는 태도 하나만 바꿔도 충분하다.

인생은 그렇게 조금씩, 그러나 분명하게 다시 정렬된다.

이 책의 내용을 한마디로 압축하면 배려로 귀결된다.

낯선 사람에 대한 배려,

친구와 동료에 대한 배려,

가족에 대한 배려,

내 몸에 대한 배려,

집과 자동차에 대한 배려.

결국 삶을 둘러싼 모든 것을 아끼고 존중하는 마음이다.

그 마음이 있다면, 이미 절반은 성공한 셈이다.

이 책이 당신을 흔들었다면, 당신은 아직 성장하고 있다는 뜻
이다.

이 책이 당신을 위로했다면, 당신은 이미 잘 버텨 왔다는 증거다.

당신은 '고쳐야 할 사람'이 아니라, '더 잘 살아갈 수 있는 사람'
이다. 이 책이 그 사실을 다시 떠올리게 하는 작은 계기가 되기
를 바란다.

당신이 원하는 모든 것은 당신의 태도에 달려있다.

태도가 바뀌면 인생도 반드시 바뀐다.